Watchman Nee
Zur Nachfolge befreit

Watchman Nee

Zur Nachfolge befreit

Schwengeler-Verlag
CH-9442 Berneck

TELOS-Bücher
ISBN-Nr. 3-85 666-125-5
TELOS-Paperback Nr. 1260
© der überarbeiteten Ausgabe 1984
　by Schwengeler-Verlag, CH-9442 Berneck
　2. Auflage 1985
Titelfoto: Ignaz Hugentobler
Gesamtherstellung: Cicero-Studio am Rosenberg,
　　　　　　　　　　CH-9442 Berneck
Printed in Germany

Inhalt

Vorwort 7
Einleitung 9
Kapitel 1: Die Bedeutung des Zerbruchs 11
Kapitel 2: Vor und nach dem Zerbruch 21
Kapitel 3: Das «Ding in der Hand» erkennen 31
Kapitel 4: Wie wir den Menschen erkennen 38
Kapitel 5: Die Gemeinde und das Werk Gottes 48
Kapitel 6: Zerbruch und Erziehung 56
Kapitel 7: Trennung und Offenbarung 64
Kapitel 8: Welchen Eindruck hinterlassen wir? 74
Kapitel 9: Demut und Zerbruch 81
Kapitel 10: Zwei sehr verschiedene Wege 88

Vorwort

Der chinesische Gottesmann Watchman Nee legte besonderen Nachdruck auf eine fundamentale Lektion, die jeder Diener Gottes zu lernen hat, wenn er für Gott fruchtbar sein will: die göttliche Lektion des Zerbruchs. Das ist die biblische Voraussetzung für die erlebbare, befreite Nachfolge.

Wahrlich, wahrlich, ich sage euch: wenn das Weizenkorn nicht in die Erde fällt und erstirbt, bleibt es allein; wenn es aber erstirbt, so bringt es viele Frucht (Joh. 12,24).

Denn das Wort Gottes ist lebendig und wirksam und schärfer als jedes zweischneidige Schwert, und es dringt durch, bis es scheidet Seele und Geist, auch Mark und Bein, und ist ein Richter der Gedanken und Gesinnungen des Herzens; und keine Kreatur ist vor ihm unsichtbar, es ist aber alles bloß und aufgedeckt vor den Augen dessen, welchem wir Rechenschaft zu geben haben (Hebr. 4,12 + 13).

Aber die Stunde kommt und ist schon da, wo die wahren Anbeter den Vater im Geist und in der Wahrheit anbeten werden; denn der Vater sucht solche Anbeter. Gott ist Geist, und die ihn anbeten, müssen ihn im Geist und in der Wahrheit anbeten (Joh. 4, 23 + 24).

Denn welcher Mensch weiß, was im Menschen ist, als nur der Geist des Menschen, der in ihm ist? So weiß auch niemand, was in Gott ist, als nur der Geist Gottes. Wir aber haben nicht den Geist der Welt empfangen, sondern den Geist aus Gott, so daß wir wissen können, was uns von Gott gegeben ist; und davon reden wir auch, nicht in Worten, die von menschlicher Weisheit gelehrt sind, sondern in solchen, die vom Geist gelehrt sind, indem wir Geistliches geistlich beurteilen. Der seelische (natürliche) Mensch aber nimmt nicht an, was vom Geiste Gottes ist; denn es ist ihm eine Torheit, und er kann es nicht verstehen, weil es geistlich beurteilt werden muß (1. Kor. 2, 11–14).

Gott, der uns auch tüchtig gemacht hat zu Dienern des neuen Bundes, nicht des Buchstabens, sondern des Geistes; denn der Buchstabe tötet, aber der Geist macht lebendig (2. Kor. 3,6).

Denn Gott, welchem ich in meinem Geiste diene am Evangelium seines Sohnes, ist mein Zeuge (Röm. 1,9).

Nun aber sind wir vom Gesetz frei geworden, da wir dem gestorben sind, worin wir festgehalten wurden, so daß wir dienen im neuen Wesen des Geistes und nicht im alten Wesen des Buchstabens (Röm. 7,6).

Die wir nicht nach dem Fleische wandeln, sondern nach dem Geist. Denn die nach dem Fleische leben, sinnen auf das, was des Fleisches ist, die aber nach dem Geiste leben, auf das, was des Geistes ist. Denn die Gesinnung des Fleisches ist Tod, die Gesinnung des Geistes aber Leben und Friede, darum, weil die Gesinnung des Fleisches Feindschaft wider Gott ist; denn sie ist dem Gesetz Gottes nicht untertan, sie kann es auch nicht. Die aber im Fleische sind, vermögen Gott nicht zu gefallen (Röm. 8,4-8).

Ich sage aber: Wandelt im Geist, so werdet ihr die Lüste des Fleisches nicht vollbringen (Gal. 5,16).

Die Frucht des Geistes aber ist Liebe, Freude, Friede, Geduld, Freundlichkeit, Gütigkeit, Treue, Sanftmut, Enthaltsamkeit. Gegen solche Dinge gibt es kein Gesetz (Gal. 5,22+23).

Wenn wir im Geiste leben, so lasset uns auch im Geiste wandeln (Gal. 5,25).

Einleitung

Einige vorbereitende Erläuterungen sollen dem Leser zum besseren Verständnis der folgenden Kapitel dienen.

Watchman Nee bezeichnet den *Geist des Menschen* als *inneren Menschen*; die *Seele* nennt er den *äußeren Menschen* und den *Leib* den *äußersten Menschen*. Die folgende Zeichnung stellt dies bildlich dar.

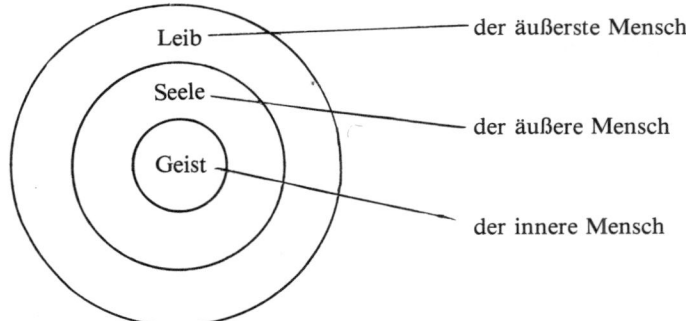

Gemäß Gottes ursprünglichem Plan hätte der Geist des Menschen das Heim oder die Wohnstätte Gottes sein sollen. Der Heilige Geist sollte sich mit dem menschlichen Geist vereinen und die Seele regieren. Geist und Seele sollten sich schließlich des Leibes bedienen, um sich zum Ausdruck zu bringen.

Wenn Watchman Nee vom Zerbrechen der Seele spricht, so ist damit nicht eine Vernichtung der Seele gemeint. Es geht darum, daß die Seele – statt unabhängig zu wirken – ein Organ, ein Gefäß, ein Diener des Geistes werden muß. Das unabhängige, autonome Handeln der Seele, ihre Diktatur über den Menschen muß also zerbrochen und zerstört werden. Nicht die Seele an sich. (Das wäre eine buddhistische Form der Askese.)

Die Seele soll auch nicht unterdrückt, sondern ihrem Auftrag gemäß dienstbar gemacht werden. Dienen hat nichts mit Unterdrückung zu tun. Jesus Christus, der in völliger Abhängigkeit und

Dienstbarkeit seinem Vater gegenüber lebte, führte kein Leben, das die Seele vernichtet, unterdrückt oder quält, sondern das ihr Ruhe und Freude verschafft. Echtes Dienen ist etwas Göttliches und hat nichts mit Sklaverei und Unterdrückung zu tun. So hängt auch geistliches Leben mit der Dienstbarmachung der Seele zusammen und nicht mit ihrer Unterdrückung.

So sollen wir Macht über unsere Seele gewinnen, nicht sie uns beherrschen! Darauf weisen auch folgende Bibelstellen hin:

Gewinnet eure Seelen durch euer Ausharren (Luk. 21,19);

Nachdem ihr eure Seelen im Gehorsam gegen die Wahrheit geheiligt habt (1. Petr. 1,22);

Indem ihr das Ziel eures Glaubens, die Seligkeit der Seelen, davontragt (1. Petr. 1,9).

Am Ende des Buches angelangt, werden wir das Geheimnis eines für Christus fruchtbaren Lebens gefunden haben. Dabei dürfen wir nicht dem Irrtum erliegen, unsere Seele zu unterdrücken oder zu verachten; doch sollen wir stark im Geist sein, damit unsere Seele gewonnen, erlöst und zu Gottes völliger Freude dienstbar wird.

Jesus Christus möchte, daß unsere Seele Ruhe findet – was uns nach seinem Wort durch sein Joch zuteil wird (dem Symbol der Einheit und des Dienstes). Dann werden wir gewahr, daß unsere Seele nicht im Herrschen, sondern im Dienen ihren größten Wert findet. Bis sie zerbrochen ist, will die Seele herrschen. Durch das Kreuz jedoch kann sie ein überaus nützlicher und wertvoller Diener werden.

Kapitel 1

Die Bedeutung des Zerbruchs

Jeder, der Gott dient, wird früher oder später entdecken, daß das größte Hindernis in seiner Arbeit für den Herrn nicht die anderen sind, sondern daß *er selbst* das größte Hindernis darstellt. Der Christ wird entdecken, daß sein äußerer Mensch mit dem inneren Menschen nicht im Einklang steht, da beide in gegenteilige Richtungen streben. So wird der Nachfolger Jesu auch innewerden, daß der äußere Mensch unfähig ist, sich der Leitung des Geistes zu fügen und sich untüchtig erweist, dem höchsten Gebot Folge zu leisten. Der äußere Mensch hindert den Diener Gottes daran, seinen Geist vollmächtig zu gebrauchen.

Viele Arbeiter im Werk Gottes sind unfähig, auch nur den einfachsten fruchtbringenden Dienst zu tun. Normalerweise sollten sie durch die Schulung ihres Geistes befähigt sein, Gottes Wort zu verstehen, die geistliche Verfassung anderer zu erkennen, als Gesalbte Gottes biblische Botschaften weiterzugeben und Gottes Offenbarungen und Einsichten zu empfangen. Doch infolge der Ablenkung des äußeren Menschen scheint ihr Geist nicht recht zu funktionieren.

Das kommt im Grunde genommen daher, daß ihr äußerer Mensch noch nie auf den ihm allein zukommenden Platz verwiesen worden ist. Daher sind auch Eifer, Geschäftigkeit und sonstige Anstrengungen reine Zeitverschwendung. Es gibt, wie wir bald sehen werden, nur ein Verfahren, das den Menschen brauchbar macht für Gott: Zerbruch.

Der innere und der äußere Mensch

Beachtet den Unterschied, den die Bibel bezüglich der Gestaltung des Menschen macht:

«Denn nach dem *inwendigen Menschen* habe ich Lust am Gesetz Gottes» (Röm. 7,22).

«...durch seinen Geist mit Kraft gestärkt zu werden am *inwendigen Menschen*» (Eph. 3,16).

Sodann sagt uns Paulus auch:

«Daher werden wir nicht mutlos, sondern, ob auch unser *äußerer Mensch* zerstört wird, so wird doch unser *innerer* von Tag zu Tag erneuert» (2. Kor. 4,16).

Wenn Gott kommt, um durch Seinen Geist, Sein Leben und Seine Kraft in uns zu wohnen, dann kommt Er in unseren Geist, den wir den *inneren Menschen* nennen. Außerhalb dieses inwendigen Menschen ist die Seele, in der sich unsere Gedanken, Gefühle und unser Wille äußern. Der *äußerste Mensch* ist unser Leib. So wollen wir vom inneren Menschen als dem Geist sprechen, vom äußern als der Seele und vom äußersten als dem Leib.

Wir dürfen nie vergessen, daß unser innerer Mensch der geistliche Mensch ist, in dem Gott wohnt und in dem Sein Geist sich mit dem unseren vereint. Genauso wie wir in Kleider gekleidet sind, so «trägt» unser innerer Mensch einen äußern Menschen: der Geist «trägt» die Seele. Und ebenso «tragen» Geist und Seele den Leib. Es ist ganz offensichtlich, daß sich die Menschen mehr des äußeren und äußersten Menschen bewußt sind und ihren Geist überhaupt nicht wahrnehmen oder verstehen.

Wir müssen aber erkennen, daß nur derjenige für Gott wirksam arbeiten kann, dessen innerer Mensch sich zu äußern vermag. Die grundlegende Schwierigkeit eines Dieners Gottes liegt darin, daß es dem inneren Menschen mißlingt, den äußeren Menschen zu durchbrechen. Wir müssen daher vor Gott erkennen, daß die erste Schwierigkeit in unserer Arbeit nicht in den anderen, sondern in uns selbst liegt. Unser Geist scheint in eine Hülle eingewickelt zu sein, so daß er sich nicht so leicht zu äußern vermag.

Wenn wir noch nicht gelernt haben, wie wir unserem inneren Menschen im Durchbrechen des äußeren Menschen freie Bahn verschaffen können, dann sind wir zum christlichen Dienst nicht tauglich. Nichts vermag uns so daran zu hindern wie dieser äußere Mensch. Ob unsere Arbeit fruchtbar ist oder nicht, hängt davon ab, ob unser äußerer Mensch durch Gott zerbrochen wurde, so daß der innere Mensch durch diesen Zerbruch hervorzutreten vermag. Wenn der innere Mensch freie Bahn hat, dann wird dies Christen und Nichtchristen gleichermaßen zum Segen gereichen.

In der Schöpfung gibt es Zerbruch

«Wenn das Weizenkorn nicht in die Erde fällt und erstirbt, so bleibt es allein; wenn es aber erstirbt, so bringt es viele Frucht» (Joh. 12,24). Das Leben steckt im Weizenkorn. Aber dieses Leben ist vorerst noch in einer Schale, und zwar in einer recht harten, verborgen. Solange diese Schale nicht zerbrochen ist, kann der Weizen nicht wachsen. Das Weizenkorn muß «sterben». Was bedeutet dieses Sterben? Es ist das in der Erde vor sich gehende Zusammenwirken von Temperatur, Feuchtigkeit usw., das zum Aufbrechen der Schale führt. Sobald die Schale offen ist, beginnt der Weizen zu wachsen. Es geht also nicht darum, ob Leben im Korn ist, sondern darum, ob die äußere Schale zerbrochen ist oder nicht. Jesus sagt dann weiter: «Wer sein Leben liebt, verliert es, und wer sein Leben in dieser Welt haßt, wird es ins ewige Leben bewahren» (Joh. 12, 25).

Jesus zeigt uns hier, daß unser Leben (unser seelisches Leben) die äußere Schale ist, während das innere Leben das ewige Leben ist, das er uns gegeben hat. Damit aber dieses innere Leben hervorbrechen kann, gilt es, zuerst das äußere Leben zu verlieren. Bleibt das äußere ungebrochen, dann besteht für das innere Leben keine Möglichkeit, um hervorzubrechen und fruchtbar zu werden.

Diese Wirkungsweisen, von denen wir hier sprechen, bedingen allerdings, daß wir zu jenen Menschen gehören, die das Leben Jesu in sich haben; die Kinder Gottes, nicht nur Geschöpfe Gottes sind. Kinder Gottes sind jene, die ihr Leben Jesus Christus anvertraut haben: «Allen aber, die ihn aufnahmen, gab er Vollmacht, Kinder Gottes zu heißen, denen, die an seinen Namen glauben» (Joh. 1,12). Was ist sein Name? «...und du sollst ihm den Namen Jesus geben, denn er wird sein Volk retten von ihren Sünden» (Matth. 1,21). An den Namen Jesu glauben heißt, in bezug auf die Sündenvergebung allein auf Jesus und sein Werk auf Golgatha zu vertrauen; Jesus Christus als persönlichen Retter und Erlöser annehmen. Bei diesen Gotteskindern, bei diesen Christen finden wir dann zwei verschiedene Zustände: Das Leben der einen ist eingeschränkt, gefangen und daher außerstande, nach außen zu dringen; im Leben der anderen hat sich der Herr einen Weg gebahnt, darum geht Leben von ihnen aus.

Es geht mir jetzt weniger darum, wie man dieses göttliche Leben empfängt, als vielmehr darum, wie wir es diesem Leben ermöglichen, fruchtbringend hervorzubrechen.

Wenn wir also davon sprechen, daß uns der Herr zerbrechen muß, dann ist dies weder eine bloße Lehrmeinung noch eine besondere Redensart, sondern eine Lebensnotwendigkeit für den Christen. Es ist nicht so, daß der Herr die Gemeinde nicht segnen könnte, aber sein Leben kann in uns so sehr gefesselt sein, daß es nicht weiterzufließen vermag. Wenn der äußere Mensch unzerbrochen bleibt, können wir der Gemeinde nie zum Segen sein und dürfen auch nicht erwarten, daß Gott das durch uns gesprochene Wort wirksam segnen wird!

Zerbruch der Alabasterflasche

«*...trat eine Frau zu ihm mit einer alabasternen Flasche voll kostbarer Salbe und goß sie auf sein Haupt...*» (Matth. 26,7).

In der Bibel ist vom reinen Nardenöl die Rede. Gott verwendet das Wörtchen «rein» mit der bestimmten Absicht, uns zu zeigen, daß dieses Öl wirklich etwas Geistliches ist. Wenn aber die Alabasterflasche nicht zerbrochen wird, kann auch das reine Nardenöl nicht ausfließen. Seltsamerweise halten viele die Alabasterflasche immer noch für sehr wertvoll und schätzen ihren Wert höher ein als den des Salböls. So halten auch viele ihren äußeren Menschen für wertvoller als den inneren.

Das aber schafft viele Probleme in der Gemeinde. Der eine hat eine hohe Meinung von seiner Klugheit und glaubt, etwas vorzustellen; ein anderer hält es ebenso mit seinen Gefühlen und kommt sich nicht minder wichtig vor; wieder andere sind von sich selbst eingenommen und meinen, besser zu sein als andere, überzeugt davon, daß ihre Redegewandtheit, ihre Entschlußkraft, ihr Intellekt und ihr Urteilsvermögen hoch erhaben seien.

Wie dem auch sei, wir sind weder Antiquitätensammler noch Vasenbewunderer; wir sind solche, deren einziges Verlangen der Wohlgeruch des Salböls ist. Ohne den Zerbruch des Äußeren kann jedoch das Innere nicht zum Vorschein kommen. Weder unser äußerer Mensch noch die Gemeinde als solche ist dazu in der Lage, Leben zu vermitteln. Nur das geistliche Leben, das durch das zerbrochene Äußere zum Vorschein kommt, kann Frucht wirken. Warum sollten wir uns da noch so wertvoll halten, wenn unser Äußeres doch nur den Wohlgeruch zurückhält, statt ihn ausströmen zu lassen?

Der Heilige Geist wirkt an uns. Ein Ereignis folgt dem andern. Jedes züchtigende Wirken des Heiligen Geistes hat das Ziel, den äußeren Menschen zu zerbrechen, damit der innere Mensch freie Bahn erhält.

Gerade da liegt unsere Schwierigkeit: Wir ärgern uns über Kleinigkeiten und murren über den kleinsten Schaden, den wir erleiden. Der Herr schickt uns auf Wege, auf denen wir zum Dienst zubereitet werden, aber kaum hat seine Hand uns berührt, sind wir unglücklich, unzufrieden, nehmen eine negative Haltung ein und hadern sogar mit Gott. Seit unserer Bekehrung hat der Herr uns auf mancherlei Weise berührt und immer mit der Absicht, unseren äußeren Menschen zu zerbrechen.

Im irdenen Gefäß liegt also unser Schatz verborgen, doch wer kann ihn sehen, wenn das irdene Gefäß nicht zerbrochen ist? Daher will der Herr das irdene Gefäß zerbrechen, die Alabasterflasche aufbrechen, die Schale aufsprengen, damit der liebliche «Geruch das Haus erfüllt» (Joh. 12,3). Der Herr möchte sich einen Weg bahnen, um durch die Seinen die Welt zu segnen. Zerbruch ist der Weg des Segens, des Wohlgeruchs und der Fruchtbarkeit, aber auch ein Weg, der mit Blut besprengt ist; mit Blut aus vielen Wunden.

Wenn wir uns dem Herrn zum Dienst anbieten, können wir es uns nicht leisten, uns durch Milde zu schonen. Wir müssen es zulassen, daß der Herr unseren äußeren Menschen zerbricht, um sich so einen Weg nach außen zu bahnen.

Dabei muß jeder selbst herausfinden, was der Herr mit ihm im Sinn hat. Es ist eine äußerst beklagenswerte Tatsache, daß viele nicht wissen, was Gott in ihrem Leben erreichen will. Wie sehr haben sie es nötig, daß der Herr ihnen die Augen öffnet, damit sie sehen, daß alles in ihrem Leben eine Bedeutung hat. Gott hat nichts umsonst zugelassen. Seine Absicht verstehen, heißt, klar zu erkennen, daß Gott unseren äußeren Menschen zerbrechen will, damit fruchtbringendes Leben entstehen kann.

Trotzdem geraten allzuviele schon außer sich, bevor Gott auch nur die Hand erhebt. Wir müssen endlich erkennen, daß alle Erfahrungen, Schwierigkeiten, Mißgeschicke und Prüfungen, die der Herr uns schickt, nur zu unserem Besten dienen! Das Beste, das uns geschehen kann, ist der Zerbruch des äußeren Menschen. Sollten wir uns vielleicht dem Herrn nahen und bitten: «O Herr, laß mich das Beste wählen?» Ich glaube, daß Gott uns antworten würde: «Ich habe dir nur das Beste gegeben: deine täglichen Prüfungen sind dir zum größten Gewinn.» So ist der Beweggrund hinter allem Handeln Gottes der Zerbruch unseres äußeren Menschen. Wenn das einmal geschehen ist und der Geist freie Bahn hat, dann werden wir langsam tüchtig, unseren Geist zu gebrauchen.

Die Zeitdauer unseres Zerbruchs

Gott gebraucht zwei verschiedene Arten, um unseren äußeren Menschen zu zerbrechen: die eine Art geht stufenweise vor sich, die andere ziemlich plötzlich. Die einen zerbricht der Herr zum großen Teil plötzlich, anderen schickt Er fortwährend, Tag für Tag, Prüfungen, um so eines Tages den völligen Zerbruch zu vollenden. Auf die eine oder andere Weise möchte Gott bei uns vorgehen, wobei Er, wie uns scheinen möchte, normalerweise einige Jahre dazu benötigt, um das Werk des Zerbruchs an uns zu vollenden.

Gott bestimmt die Zeitdauer. Wir können sie nicht verkürzen, wohl aber verlängern. Bei den einen bringt es der Herr in wenigen Jahren zustande, bei anderen ist es auch nach zehn oder zwanzig Jahren offensichtlich nicht vollendet. Das ist eine sehr ernste Angelegenheit! Nichts ist betrüblicher, als Gottes Zeit zu verschwenden. Wie oft wird dadurch auch die ganze Gemeinde gehindert! Wir können verstandesmäßig predigen; Zuhörer mögen durch unsere gefühlsbetonte Art gerührt sein, und doch, wenn wir unseren Geist nicht zu gebrauchen wissen, vermag Gottes Geist nicht durch uns zu wirken. Es ist ein großer Verlust, wenn wir die Zeit des Zerbruchs unnötigerweise verlängern.

Daher: Falls wir uns nie zuvor völlig und bewußt dem Herrn geweiht haben, laßt es uns jetzt tun und beten: «Herr, um der Zukunft der Gemeinde und des Evangeliums willen, um Deiner Sache und auch um meines Lebens willen, lege ich mich bedingungslos und vorbehaltlos in Deine Hände. Herr, ich freue mich, mich Dir zu übergeben und bin willig, Dich völlig durch mich und an mir wirken zu lassen. Ich vertraue darauf, daß Deine Wege und Dein Wirken das Beste für mich sind.»

Die Bedeutung des Kreuzes

Wir hören oft vom Kreuz. Vielleicht ist uns dieses Wort sogar zu geläufig geworden. Was aber ist der Sinn des Kreuzes für unser Christenleben? Wenn wir das Kreuz richtig verstanden haben, sehen wir, daß es den Zerbruch des äußeren Menschen bedeutet. Das Kreuz bringt den äußeren Menschen in den Tod; es bricht die menschliche Schale auf. Das Kreuz muß alles zunichte machen, was unserem äußeren Menschen angehört, unsere Ansichten und Wege, unsere Klugheit und Eigenliebe, alles, was von uns selbst kommt.

Sobald unser äußerer Mensch zerbrochen ist, vermag sich unser Geist leicht zu äußern. Nehmen wir beispielsweise einen Glaubensbruder. Alle die ihn kennen, bestätigen, daß er einen scharfsinnigen Verstand, einen mächtigen Willen und ein feines Empfinden besitzt. Statt nun aber durch diese Charaktereigenschaften beeindruckt zu sein, erkennen sie, daß sie seinem Geist begegnet sind – was auf sie segensreich wirkte. Warum? Weil alles, was zur Seele des Bruders gehörte, zerbrochen worden ist, so daß jeder, der mit ihm Gemeinschaft hat, seinem reinen Geist begegnet.

Eine Glaubensschwester besitzt ein rasches Wesen, sie ist schnell im Denken und Sprechen, schnell im Bekennen, eine schnelle Briefschreiberin, die ebenso schnell wieder zerreißt, was sie geschrieben hat. Und doch, wer mit ihr zusammenkommt, begegnet weniger ihrem schnellen Wesen, als ihrem Geist. Sie ist als Mensch völlig zerbrochen und daher offen.

Somit ist dieser Zerbruch des äußeren Menschen eine grundwichtige Angelegenheit. Wir sollten uns nicht an unsere schwachen seelischen Charaktereigenschaften klammern und, obschon sich der Herr schon jahrelang um uns bemüht hat, immer noch den gleichen Geruch ausströmen. Nein, wir müssen den Herrn in uns eine Bahn brechen lassen.

Zwei Ursachen des Nicht-Zerbrochenseins

Warum sind manche, auch nach Jahren voller Zerbrechungswege, dennoch dieselben geblieben? Es gibt Menschen mit einem starken Willen; andere haben ein ausgeprägtes Gefühl. Wenn der Herr mit beidem fertig zu werden vermag, warum sind dann doch manche auch nach Jahren noch dieselben?

Erstens erkennen viele nicht die Hand Gottes. Während Gott wirkt, um sie zu zerbrechen, erkennen sie nicht, daß alles von Ihm kommt. Sie haben kein Licht und sehen nur die ihnen widerstehenden Menschen oder die mißlichen Umstände. Sie halten ihre Umgebung für zu schwierig oder geben in allem den Umständen schuld. So verharren sie in Finsternis und Hoffnungslosigkeit.

Möge Gott jedem eine Offenbarung schenken, um Seine Hand zu erkennen und niederzuknien und zu beten: «Du bist es ja, darum will ich es annehmen.» Haben wir erkannt, *wer* bei uns die Hand im Spiel hat? Es ist keine menschliche Hand, weder die unserer Familien noch die der Brüder und Schwestern in der Gemeinde; es ist Gottes Hand! Laßt sie uns annehmen, küssen und lieben und glauben, daß, was immer der Herr tut, er das Beste und nichts Falsches tut.

Ein zweites großes Hindernis für den Zerbruch des äußeren Menschen ist die Eigenliebe. Deshalb sollen wir Gott bitten, daß er uns hilft, diese Eigenliebe aufzugeben. Beginnt der Herr dann – als Antwort auf unser Gebet – an uns zu wirken, so laßt uns anbeten und sagen: «O Herr, wenn das Deine Hand ist, so laß' es mich von ganzem Herzen annehmen!» Laßt uns daran denken, daß die eine Ursache aller Mißverständnisse, allen Verdrußes und aller Unzufriedenheit darin liegt, daß wir uns insgeheim doch selbst lieben. Darum schmieden wir Pläne, um all dem Wirken des Herrn zu entfliehen. Wir dürfen uns annehmen, wie Gott uns geschaffen hat, aber wir dürfen nicht die Herrschaft der Seele lieben. Vielfach entstehen uns gerade daraus Probleme, daß wir einen Ausweg suchen, um dem Wirken des Kreuzes zu entrinnen.

Als Jesus am Kreuz hing, wies er den mit Galle vermischten Essig (ein Betäubungsmittel) zurück. Viele von uns gehen nur mit Widerwillen ans Kreuz und gedenken immer noch den mit Galle vermischten Essig zu trinken, um die Schmerzen zu lindern. All je-

ne aber, die sagen: «Soll ich den Kelch, den mir der Vater gegeben hat, nicht trinken?» werden den Kelch mit Essig und Galle zurückweisen. Sie können nur einen Kelch trinken, nicht zwei. So laßt uns doch beten:
«O Gott, nun habe ich erkannt, daß alles von Dir kommt. All meine Wege in den letzten fünf, zehn oder zwanzig Jahren sind vor Dir. Du hast alles so gefügt, mit dem einzigen Ziel, daß Dein Leben durch mich ausgelebt werden möge. Ich aber war töricht. Ich erkannte das nicht. Ich unternahm vieles, um mich zu retten, und erreichte nur, daß Deine Zeit aufgehalten wurde. Nun sehe ich Deine Hand und bin bereit, mich Dir zu übergeben. So befehle ich mich aufs neue in Deine Hände.»

Mit Wunden rechnen

Es gibt nichts Schöneres als einen zerbrochenen Menschen! Bei solch einem weichen Halsstarrigkeit und Eigenliebe dieser Schönheit. Wir sehen im Alten Testament, wie Jakob schon im Mutterleib seinen Bruder stieß. Jakob war hinterlistig, durchtrieben und falsch. So war auch sein Leben von Trübsal und Kummer gezeichnet. Als junger Mann floh er von zu Hause. Zwanzig Jahre lang wurde er von Laban betrogen. Die Frau seines Herzens, Rahel, starb frühzeitig. Der Sohn seiner Liebe, Josef, wurde verkauft. Jahre später wurde Benjamin in Ägypten zurückgehalten. Jakob wurde von Gott heimgesucht, einmal, zweimal, ja sein ganzes Leben kann als ein Leben der Heimsuchung bezeichnet werden. Aber am Ende vieler Prüfungen war Jakob umgestaltet. In seinen letzten Lebensjahren war er völlig «licht». Wie würdevoll war seine Antwort an Pharao! Wie eindrucksvoll war sein Ende, da er über seinem Stab Gott anbetete! Wie klar waren seine Segenssprüche für seine Nachkommen! Nach dem Lesen der letzten Seiten seiner Geschichte verlangt es uns, das Haupt zu neigen und Gott anzubeten. Hier ist einer, der die Reife erlangt hat, der Gott kennt. Die jahrzehntelange Schule führte bei Jakob zum Zerbruch des äußeren Menschen. Darum ist in seinem hohen Alter sein Bild so schön.

Wir alle haben viel von dieser Jakobsnatur in uns. Unsere einzige Hoffnung besteht darin, daß der Herr sich einen Durchbruch zu verschaffen vermag. Was nützt alle Theologie? Welchen Wert hat alle verstandesmäßige Bibelkenntnis, wenn der äußere Mensch nicht zerbrochen wird? Nur der Mensch, in dem und durch den sich Gott zu äußern vermag, ist fruchtbringend.

Nachdem unser äußerer Mensch entscheidend getroffen und durch verschiedene Prüfungen geführt wurde, haben wir wohl Wunden, doch jetzt kann der Geist hervortreten. Uns bangt, wenn wir Brüdern oder Schwestern begegnen, deren ganzes Wesen intakt geblieben ist, das nie getroffen und umgestaltet wurde. Möge Gott sich unser erbarmen und uns diesen Weg des Zerbruchs klar erkennen lassen und uns offenbaren, daß dieser Weg der einzige mögliche Weg zum erfüllten, fruchtbringenden Gottesdienst ist. Möge Gott uns auch den Blick für das Ziel schenken, das am Ende dieser wenigen, vielleicht zehn oder zwanzig Jahre Seines Handelns steht. Achten wir daher des Herrn Führungen nicht gering. Erwarten wir daher herzlich von Gott, daß Er uns völlig zerbricht!

Kapitel 2

Vor und nach dem Zerbruch

Der Zerbruch des äußeren Menschen ist, wie wir gesehen haben, das grundlegende Erlebnis aller, die Gott dienen möchten. Wenn einer für Gott arbeitet und der äußere Mensch ist nicht zerbrochen, so wird derjenige träge sein im Geist und daher zur Arbeit untauglich sein. Ist er intelligent, dann bestimmt der Verstand seine Arbeit; empfindet er Mitleid, so läßt er sich von seinen Gefühlen leiten. Solche Arbeit mag erfolgreich scheinen, bringt aber die Leute Gott nicht näher. Zum andern kann er das, was der Geist sagen will, in seine eigenen Gedanken und Gefühle kleiden. Das Resultat ist dann dementsprechend vermischt und unrein und bringt den Menschen auch nur vermischte und unreine Erfahrungen. Beide Zustände schwächen unseren Dienst für Gott.

Wenn wir Resultate unserer Arbeit sehen wollen, dann müssen wir erkennen, daß es grundsätzlich «der Geist ist, der lebendig macht». Manche müssen soweit kommen, daß sie weder aus noch ein wissen, damit sie einsehen, wie wertlos ihre Arbeit ist und wie unnütz ihre vielen Gedanken und ihre verschiedenen Gefühle sind. Ob man durch seine Gedanken und Gefühle auch noch so viele Menschen auf sich zu lenken vermag: der geistliche Erfolg wird doch ausbleiben. Allein durch den Geist kommen die Leute zu neuem Leben. Die besten Gedanken und Gefühle vermögen da nichts!

Wo der Geist freien Lauf hat, werden Sünder wiedergeboren und zu Heiligen. Wenn den Gläubigen durch den Geist Leben vermittelt wird, erhält das neue Leben Nahrung. Ohne den Geist gibt es weder Wiedergeburt noch Auferbauung.

Erstaunlich ist nun, daß Gott Seinen Geist nicht klar von unserem Geist unterscheidet. Wir haben viele Bibelstellen, bei denen es unmöglich ist zu bestimmen, ob das Wort Geist auf unseren menschlichen Geist oder auf den Geist Gottes hinweist. Bibelübersetzer, von Luther bis zu den heutigen Gelehrten, die an der englischen Übersetzung arbeiteten, waren nicht in der Lage zu sagen, ob das Wort Geist, so wie es im Neuen Testament oft gebraucht wird, sich auf den menschlichen Geist oder auf den Geist Gottes bezieht.

Das achte Kapitel des Römerbriefs dürfte in der ganzen Bibel dasjenige sein, in dem das Wort «Geist» am meisten vorkommt. Wer will nun dahinter kommen, wie oft sich das Wort «Geist» in diesem Kapitel auf den menschlichen Geist und wie oft auf den Geist Gottes bezieht? In verschiedenen englischen Übersetzungen wird das Wort «pneuma» (Geist) manchmal groß (in bezug auf Gott) und manchmal klein (in bezug auf den Menschen) geschrieben. Es ist offensichtlich, daß diese Übersetzungen nicht übereinstimmen und daß hier niemandes Ansicht endgültig sein kann. Es ist schlechthin unmöglich, genau zu unterscheiden. Wenn wir mit der Wiedergeburt unseren neuen Geist erhalten, so erhalten wir damit auch den Geist Gottes. Im Augenblick, da unser menschlicher Geist aus seinem Todeszustand gehoben wird, erhalten wir den heiligen Geist. Wir sagen oftmals, daß der Heilige Geist in unserem Geist wohne, finden aber schwerlich heraus, welches der Heilige Geist und welches unser Geist ist. Beide wurden so miteinander verflochten, daß sie nur schwer zu unterscheiden sind, obschon beide für sich bestehen.

Befreiung des Geistes ist also sowohl Befreiung des menschlichen Geistes als auch des göttlichen Geistes, der im Menschen ist. Da nun der Heilige Geist so mit dem unseren verbunden ist, können wir beide wohl dem Namen nach, nicht aber in Wirklichkeit voneinander trennen. Da die Befreiung des einen die Befreiung beider bedeutet, so kommt jeder, der mit unserem Geist in Kontakt kommt, zugleich auch mit dem Heiligen Geist in Kontakt. Dankt Gott, denn wenn die Leute mit Eurem Geist in Verbindung treten, kommen sie auch unter die Einwirkung des Heiligen Geistes, können sie auch Gott begegnen.

Um wirken zu können, bedarf der Heilige Geist des menschlichen Geistes als Träger. Der elektrische Strom fährt nicht frei wie ein Blitz in die Glühlampe. Er muß durch den elektrischen Draht zugeführt werden. Wer also Strom brauchen will, bedarf einer Zuleitung. Genauso bedient sich Gottes Geist des menschlichen Geistes als Träger, um andere Menschen zu erreichen.

Jeder, der sich Jesus Christus ganz anvertraut, der Gottes Gnade empfangen hat, hat auch den Heiligen Geist in seinem menschlichen Geist wohnen. Ob der Christ aber für Gott und den Heiligen Geist brauchbar ist, hängt davon ab, ob der Geist freie Bahn hat, ob der äußere Mensch zerbrochen ist oder nicht. Bei manchen findet man leider keinen zerbrochenen äußeren Menschen vor. Man findet außerdem weder den blutgezeichneten Pfad noch Wunden oder Narben. Daher liegt Gottes Geist im Geist des Menschen gefangen und vermag nicht hervorzubrechen. Manchmal ist der äußere Mensch sehr aktiv, aber der innere Mensch bleibt gleichwohl untätig. Der äußere Mensch tritt hervor, während der innere zurückbleibt.

Ein paar praktische Fragen

Laßt uns das Gesagte an ein paar praktischen Fragen nachprüfen. Nehmen wir zum Beispiel das Predigen. Wie oft können wir ernstlich predigen – eine gut vorbereitete, einwandfreie Botschaft halten – und innerlich doch eiskalt bleiben. Es verlangt uns, andere aufzurütteln, wir selbst aber bleiben unbewegt. Es fehlt an der Harmonie zwischen dem äußeren und dem inneren Menschen. Der äußere Mensch trieft vor Hitze, während der innere vor Kälte erschauert. Wir erzählen anderen, wie groß die Liebe des Herrn sei und bleiben persönlich davon unberührt. Wir sprechen von der Tragik des Kreuzesleidens, um dann, kaum auf dem Heimweg, wieder zu lachen. Unser Verstand arbeitet, unsere Gefühle kommen zum Ausdruck, und doch haben wir immer das Empfinden, daß der innere Mensch all dem nur zuschaut. Der äußere und der innere Mensch sind nicht eins.

Betrachten wir eine andere Situation: Der innere Mensch brennt vor Eifer und möchte rufen, kommt aber nicht zum Ausdruck. Nach langem Reden scheint er immer noch im Kreise zu gehen. Je größer die innere Last des Predigers ist, desto kälter wird er nach außen. Er möchte sprechen, kann sich aber nicht ausdrücken. Trifft er einen Sünder, so scheint sein innerer Mensch zu weinen, aber er kann keine Träne vergießen. Er fühlt einen inneren Drang, und doch, wenn er auf die Kanzel steigt und auszurufen versucht, was ihn bewegt, verliert er sich in einem Labyrinth von Worten. Das ist eine äußerst unangenehme Situation. Das Grundübel ist wiederum das gleiche, es ist die äußere Schale, die ihm schwer anhaftet. Der äußere Mensch folgt nicht dem Gebot des inneren. Innerlich weinend, äußerlich aber unbewegt; innerlich leidend, äußerlich aber scheint er das Gedächtnis verloren zu haben. Der Geist sucht immer noch nach einer Möglichkeit, die Schale durchstoßen zu können. Ist der äußere Mensch zerbrochen, hat die mit äußerer Aktivität gepaarte innere Passivität ihr Ende; es hat ein Ende damit, daß es im Innern schreit, während außen der Mund gleichsam zugenäht ist; es ist nicht mehr so, daß die Fülle innerer Gedanken sich nicht zu äußern vermag. Da benötigt man auch nicht mehr zwanzig Sätze, um das auszudrücken, was ebensogut in zwei Sätzen gesagt werden kann. Nun kommen nämlich unsere Gedanken unserem Geist zu Hilfe, statt ihn zu hindern.

Genauso bilden auch unsere Gefühle eine sehr harte Schale. Viele, die glücklich sein möchten, vermögen keiner Freude Ausdruck zu geben, oder sie möchten weinen und vermögen es nicht. Wenn der Herr unseren äußeren Menschen heimgesucht hat, ob durch Züchtigung oder durch Erleuchtung des Heiligen Geistes, dann vermögen wir sowohl unserem Leid als auch unserer Freude Ausdruck zu geben, so wie wir es aus unserem Innersten tun möchten.

Die Freiheit des Geistes ermöglicht uns, in zunehmendem Maße in Gott, abhängig von Ihm zu bleiben. Wir begegnen in der Bibel dem Geist der Offenbarung. Wir können uns ohne Mühe unseres Geistes bedienen, um göttliche Offenbarungen zu empfangen. Ob wir ein Zeugnis ablegen oder predigen, so geben wir durch unseren Geist Gottes Wort weiter. Überdies kommen wir durch unseren Geist fast wie von selbst mit dem Geist unserer Mitmenschen in Verbindung. Bei gewissen Leuten kommt man nur mit ihren Gedanken, Gefühlen oder ihrem Willen in Berührung. Da hat man auch nach stundenlangem Gespräch noch immer keine Begegnung mit ihrem eigentlichen Wesen, obschon wir beide Christen sein können. Die äußere Schale ist zu dick, als daß andere dem inneren Menschen begegnen könnten. Mit dem Zerbruch des äußeren Menschen beginnt der Geist zu wirken und ist auch für andere immer offen und zugänglich.

Abschweifen und umkehren

Wenn der äußere Mensch einmal zerbrochen ist, so bleibt des

Menschen Geist in Gottes Gegenwart. Zwei Jahre, nachdem ein gewisser Bruder sein Vertrauen auf Gott gesetzt hatte, las er «Die Praxis der Gegenwart Gottes» von Bruder Lawrence und war ganz betrübt, daß er nicht, wie der Autor jenes Buches, unaufhörlich in Gottes Gegenwart zu bleiben vermochte. Er traf sich damals stündlich mit jemandem, um zu beten. Warum das? Nun, die Bibel sagt: «Betet ohne Unterlaß»; sie aber änderten das in «Betet jede Stunde». So trafen sie sich bei jedem Stundenschlag zum Gebet. Sie machten äußerste Anstrengungen, um sich zu Gott zurückzuziehen, denn sie fühlten, daß sie aus sich selbst heraus nicht in Gottes Gegenwart zu bleiben vermochten. Es war, als wären sie während der Arbeit abgewichen, so daß sie sich schnell wieder zu Gott zurückzuziehen hatten. Oder sie hatten sich, während sie studierten, selbst in den Vordergrund geschoben und mußten daher schnell wieder vor Gott zurücktreten. Wenn sie das nicht taten, wähnten sie sich den ganzen Tag außerhalb der Gegenwart Gottes. Sie beteten auch oft den halben Samstag und den ganzen Sonntag hindurch. Aber obschon sie es zwei oder drei Jahre so hielten, kamen sie doch nicht aus der Sackgasse heraus. Zurückgezogen erfreuten sie sich der Gegenwart Gottes, vermißten sie aber gleichwohl, sobald sie weggingen und etwas anderes taten.

Mit diesem Problem stehen sie allerdings nicht allein, sehen sich doch viele Christen vor die gleiche Schwierigkeit gestellt. Das Kern-Problem liegt darin, daß wir uns mit unserem Gedächtnis in Gottes Gegenwart befinden wollen. So unstet wie unser Gedächtnis ist daher auch das Empfinden von Gottes Gegenwart. Denken wir daran, so sind wir Seiner Gegenwart gewiß, denken wir nicht daran, fehlt uns diese Gewißheit. Das ist reine Torheit, denn Gott ist im Geist gegenwärtig und nicht im Gedächtnis!

Der Zerbruch des äußeren Menschen löst dieses Problem. Da weder unsere Gefühle noch unsere Gedanken göttlicher Natur sind, können sie sich auch nicht mit Gott verbinden. Joh. 4 zeigt uns die Natur Gottes: Gott ist Geist. Einzig unser Geist ist göttlicher Natur teilhaftig geworden und kann daher ewig mit Gott vereint werden. Versuchen wir durch Ausrichten unserer Gedanken in die Gegenwart Gottes zu gelangen, dann scheint sie uns entschwunden zu sein, sobald wir uns nicht mehr konzentrieren. Genau so geht es uns, wenn wir die Gegenwart Gottes mit unseren

Gefühlen zu fassen suchen; denn sobald unser Gefühl abklingt, scheint uns auch Gottes Gegenwart entschwunden zu sein. Wenn wir ab und zu glücklich sind, so schließen wir daraus, daß wir uns in Gottes Gegenwart befinden. Findet dann unser Glück ein Ende, so entflieht uns auch Seine Gegenwart! Wir mögen auch auf Seine Gegenwart schließen, wenn wir trauern und weinen, aber wir können doch nicht zeitlebens Tränen vergießen! Sobald aber die Tränen vertrocknet sind, scheint uns auch Gottes Gegenwart wieder entschwunden zu sein. Beide, unsere Gedanken und unsere Gefühle, sind menschliche Kräfte. Alle eigene Geschäftigkeit muß zu einem Ende kommen. Wenn wir uns Gottes Gegenwart durch Geschäftigkeit bewahren wollen, dann entschwindet sie uns, sobald wir unsere Tätigkeit einstellen. Gottes Gegenwart erfordert die Gleichheit der Natur. Nur der innere Mensch hat Gottes Natur. Einzig durch ihn kann Seine Gegenwart offenbar werden. Die Geschäftigkeit des äußeren Menschen kann den inneren Menschen stören. So wirkt also der äußere Mensch nicht helfend, sondern behindernd. Ist jedoch der äußere Mensch zerbrochen, dann erfreut sich der innere Mensch des Friedens Gottes.

Gott hat uns unseren Geist gegeben, damit er für Ihn empfänglich sei. Der äußere Mensch ist aber immer auf äußere Dinge eingestellt und beraubt uns so der Gegenwart Gottes. Wir können zwar all die äußeren Dinge nicht zerstören, aber wir können den äußeren Menschen abbrechen. Wir können all das, was von außen auf uns eindringt, nicht aufhalten; diese Millionen und Billionen Dinge der Welt befinden sich völlig außerhalb unserer Kontrolle. Was auch immer geschieht, nimmt der äußere Mensch wahr; so aber können wir uns nicht im Frieden der Gegenwart Gottes erfreuen. Daraus ist zu schließen, daß das Leben in Gottes Gegenwart vom Zerbruch des äußeren Menschen abhängig ist.

Nach dem Zerbruch unseres äußeren Menschen durch Gottes Gnade können wir wie folgt charakterisiert werden: Gestern waren wir voller Eigenheiten, heute aber ist es uns unmöglich, uns sonderlich zu benehmen. Früher konnten unsere Gefühle leicht erregt werden, ob es das zarteste, die Liebe, war oder das roheste, der Zorn. Jetzt aber, und wenn uns auch noch so viele Dinge bestürmen, bleibt der innere Mensch unbewegt, bleibt Gott ungetrübt gegenwärtig und der innere Friede ungestört.

Damit ist klar, daß der Zerbruch des äußeren Menschen die Grundvoraussetzung dafür ist, sich der Gegenwart Gottes erfreuen zu können. Bruder Lawrence war mit Küchenarbeit beschäftigt. Die Leute schrien laut nach Dingen, die sie benötigten. Trotz ständigem Geklirr von Schüsseln und Geschirr blieb sein innerer Mensch ruhig. Er spürte Gottes Gegenwart in diesem Lärm und Betrieb in der Küche ebensogut wie im stillen Gebet. Warum wohl? Er hatte gelernt, in Verbindung mit seinem Geist zu bleiben und seine Seele zu verleugnen, sich ihrer zu bedienen.

Manche Christen glauben, daß ihre Umgebung von Ablenkungen, wie dem Geklirr von Schüsseln, frei sein müsse, wenn Gott gegenwärtig sein solle. Je weiter sie von anderen Menschen weg sind, umso besser meinen sie die Gegenwart Gottes zu verspüren. Welch ein Irrtum! Die Schwierigkeit liegt weder in den Schüsseln noch in ihren Mitmenschen, sondern in ihnen selbst. Gott wird uns nicht von den Schüsseln erlösen, wohl aber davon, wie wir darauf reagieren! Da spielt dann der äußere Lärm keine Rolle mehr, denn das Inwendige reagiert nicht darauf. Da der Herr den äußeren Menschen zerbrochen hat, ist es so, als ob wir all das nicht hörten. Der Herr sei gepriesen, denn wir können ein sehr feines Gehör haben und doch, aufgrund dessen, was die Gnade an uns gewirkt hat, nicht im geringsten von dem beeinflußt werden, was den äußeren Menschen bestürmen mag. Wir können bei solchen Ereignissen ebensogut vor Gott bleiben, wie wenn wir allein beten.

Hat ein unzerbrochener Mensch einen Auftrag erledigt, muß er sich wieder zurückziehen; denn er nimmt an, daß er sich von Gott entfernt hat. Selbst im Wirken für den Herrn weicht er von Gott ab, dem er dient. So dünkt es ihn das Beste zu sein, überhaupt nichts mehr zu tun. Die aber Gott kennen, brauchen nicht zurückzukehren, da sie sich nicht von Ihm entfernt haben. Sie erfreuen sich der Gegenwart Gottes genauso, ob sie einen Tag im Gebet verbringen oder angestrengt einer täglichen Arbeit nachgehen.

Andererseits haben wir oft das *Gefühl*, von Gott weggetrieben zu sein. Wenn wir beispielsweise das Evangelium predigen, drängt es uns nach einer Weile, uns niederzuknien und zu beten. Wir haben aber das Gefühl, erst wieder zu Gott zurückkehren zu müssen. Oder wir erledigen eine Alltagsarbeit, vielleicht den Fußboden scheuern. Wollen wir nun nach Beendigung der Arbeit beten, so haben wir wieder das Gefühl, als ob wir uns weit entfernt hätten von Gott und zuerst zurückkehren müßten. Was ist dazu zu sagen? Der Zerbruch des äußeren Menschen, die Entmachtung der Seele und damit des Gefühls macht solch ein fortwährendes Zurückkehren überflüssig. Wir dürfen uns der Gegenwart Gottes genauso bewußt sein, ob wir ein Gespräch führen, das Evangelium verkünden, den Fußboden scheuern oder kniend im Gebet verharren. Der Dienst vermag uns nicht von Gott wegzuziehen, somit haben wir auch nicht nötig, zuerst zurückzukehren, um betend Gemeinschaft mit ihm haben zu können.

Laßt uns nun zur Erläuterung einen extremen Fall betrachten: Der Zorn ist die heftigste aller menschlichen Erregungen. Dennoch verbietet die Bibel das Zürnen nicht; denn es gibt einen bestimmten Zorn, der nicht von der menschlichen Aggression gespeist ist, der mit Sünde nichts zu tun hat. So steht geschrieben: «Zürnet ihr, so sündiget nicht» (Eph. 4,26). Trotzdem ist die Grenze des Zürnens zur Sündhaftigkeit schnell erreicht. «Liebet ihr, so sündiget nicht» oder «wenn ihr sanftmütig seid, so sündiget nicht» finden wir nicht im Worte Gottes; denn Liebe und Sanftmut sind von der Sünde weit entfernt. Zorn und Sünde aber sind nahe beieinander.

Es ist möglich, daß einer unserer Glaubensbrüder einen schweren Fehler begangen hat und hart getadelt werden muß. Das ist aber gar nicht so leicht. Viel lieber würden wir unser Gefühl des Mitleids zum Ausdruck bringen als das unseres Zornes, denn dieses kann bei der geringsten Unvorsichtigkeit in etwas anderes umschlagen. Es ist also gar nicht leicht, so zu zürnen, wie es Gottes Willen entspricht. Dennoch: wer den Zerbruch des äußeren Menschen erfahren hat, kann sich auch mit der nötigen Strenge mit einem anderen Bruder befassen, ohne daß er im Geist beunruhigt oder Gottes Gegenwart unterbrechen würde. Er bleibt, wenn er sich so mit anderen befassen muß, genauso in Gott wie im Gebet. Er kann daher, nachdem er seinen Bruder zur Rede gestellt hat, alsbald beten, ohne zuerst mühsam zu Gott zurückkehren zu müssen. Wir geben zu, daß dies recht schwierig ist, wenn aber der äußere Mensch zerbrochen ist, darf auch das sehr wohl wahr werden.

Die Trennung des äußeren und des inneren Menschen

Wenn der äußere Mensch zerbrochen ist, bleiben äußere Dinge draußen; der innere Mensch aber lebt ununterbrochen vor Gott. Bei vielen Christen besteht aber auch darin die Schwierigkeit, daß der äußere Mensch mit dem inneren völlig verbunden ist; was daher den äußeren Menschen beeinflußt, trifft gleichsam auch den inneren. Gottes gnädiges Wirken muß daher den äußeren Menschen vom inneren trennen. Dann vermag das, was auf den äußeren Menschen einwirkt, den inneren nicht mehr zu erreichen. Obschon der äußere Mensch ein Gespräch führt, hat der innere Gemeinschaft mit Gott. Den äußeren mag das Geklirr von Schüsseln belasten, aber der innere bleibt gleichwohl in Gemeinschaft mit Gott. Man kann seine Tätigkeit weiterführen, auch wird der äußere Mensch stets mit der Welt in Berührung kommen; das berührt aber den inneren Menschen nicht, denn er bleibt in Gott.

Betrachten wir das an zwei Beispielen: Ein Bruder arbeitet beim Straßenbau. Ist nun sein äußerer Mensch vom inneren getrennt worden, so wird der innere durch die äußeren Dinge nicht gestört. Der Bruder kann mit seinem äußeren Menschen bei der Arbeit sein und in seinem Innern gleichzeitig Gott anbeten.

Oder da ist ein Vater. Sein äußerer Mensch lacht und spielt mit seinen Kindern. Plötzlich steht eine geistliche Not vor ihm. Da er sich gar nicht aus der Gegenwart Gottes entfernt hat, vermag er dieser Situation mit seinem inneren Menschen augenblicklich zu begegnen. Es ist daher wichtig, daß wir erkennen, daß die Trennung des äußeren vom inneren Menschen eine entscheidende Wirkung auf unser Werk und Leben hat. Nur so vermögen wir zu arbeiten, ohne abgelenkt zu werden.

Solange der Mensch in seinem äußeren und inneren Menschen noch völlig verbunden ist, muß er stets sein ganzes Wesen einsetzen, sei es zur Arbeit oder zum Gebet. Geht er an die Arbeit, so läßt er Gott zurück. Will er später dann beten, so muß er sich von der Arbeit abwenden. Es entsteht ein ständiges Abschweifen und Zurückkehren. Der Mensch, dessen Äußeres vom Inneren getrennt ist, vermag hingegen mit seinem äußeren Menschen zu arbeiten, während sein innerer Mensch gleichwohl ununterbrochen vor Gott steht. Wenn immer nötig, kann sein innerer Mensch hervorbrechen und sich anderen kundtun. Er erfreut sich stets der Gegenwart Gottes.

Wer durch Gottes Gnade diese Trennung erlebt hat, weiß, daß er ein Mensch ist, der ruhig bleiben kann in seinem inneren Menschen, obgleich der äußere Mensch arbeitet oder sonstwie rege ist.

Laßt uns abschließend daran denken, daß die Fähigkeit, unseren Geist gebrauchen zu können, von diesem zweifachen Wirken Gottes abhängig ist: der Trennung von Geist und Seele, d.h. dem Trennen des inneren Menschen vom äußeren, und dem Zerbruch des äußeren Menschen. Nur wenn Gott diese beiden Prozesse vollzogen hat, sind wir fähig, unseren Geist zu gebrauchen.

Der äußere Mensch wird in der Schule des Heiligen Geistes zerbrochen und durch die Offenbarung des Heiligen Geistes vom inneren Menschen geschieden!

Kapitel 3

Das «Ding in der Hand» erkennen

Angenommen, ein Vater gibt seinem Sohn einen Befehl. Der Sohn antwortet: «Ich habe gerade etwas in der Hand; sobald ich damit fertig bin, will ich deinen Auftrag ausführen.»
Das «Ding in der Hand» ist das, womit sich der Sohn vor dem Auftrag des Vaters beschäftigt. Wir erkennen nun alsbald, daß wir alle derlei «Dinge in unseren Händen» haben, die uns im Wandel mit Gott hinderlich sind. Es kann irgend etwas sein, das uns in Anspruch nimmt: gute, wichtige und anscheinend nötige Dinge. Solange der äußere Mensch nicht zerbrochen ist, haben wir höchstwahrscheinlich unsere Hände voller Dinge. Unser äußerer Mensch hat seine eigenen religiösen Interessen, Neigungen, Angelegenheiten und Verrichtungen. Wenn sich nun Gottes Geist in unserem Geist regt, so ist der äußere Mensch außerstande, dem Ruf Gottes zu folgen. So verhält es sich mit dem «Ding in der Hand»; es blockiert uns den Weg zur geistlichen Brauchbarkeit, verhindert die Freiheit für den Geist.

Die begrenzte Kraft des äußeren Menschen

Unsere menschliche Kraft hat ihre Grenzen. Wenn ein Bruder höchstens 50 Pfund zu tragen vermag, so ist es ihm einfach unmöglich, sich zehn weitere Pfund aufladen zu lassen. Seine Kraft ist begrenzt, daher vermag er nicht unbeschränkt zu arbeiten. Die 50 Pfund, die er bereits trägt, sind das «Ding in seiner Hand». So wie die Muskelkraft des äußersten Menschen begrenzt ist, so verhält es sich auch mit dem äußeren Menschen.

Wer diese Grundregel nicht erfaßt hat, verbraucht unbedacht die ganze Kraft des äußeren Menschen. Wenn jemand beispielsweise all seine Liebe an die Eltern verschwendet, so bleibt ihm keine Kraft mehr, auch seine Brüder zu lieben, geschweige denn noch andere. Wer seine Seelenkraft so aufbraucht, hat für andere nichts mehr übrig.

Genauso verhält es sich mit unserer Verstandeskraft. Wer seine ganze Aufmerksamkeit auf eine bestimmte Sache richtet und seine ganze Zeit daran verwendet, darüber nachzudenken, dem bleibt keine Kraft mehr, auch noch anderen Dingen nachdenken zu können.

Gott hat uns unser Problem in Seinem Wort verständlich gemacht: «Das Gesetz des Geistes, der da lebendig macht in Christo Jesu, hat mich frei gemacht von dem Gesetz der Sünde und des Todes» (Röm. 8,2). Warum aber ist dieses Gesetz des Geistes, der da lebendig macht, dennoch in gewissen Menschen unwirksam? Wir lesen wiederum: «Auf daß die Gerechtigkeit, vom Gesetz erfordert, in uns erfüllt würde, die wir nun nicht nach dem Fleische wandeln, sondern nach dem Geist» (Röm. 8,4).

Mit anderen Worten: das Gesetz des Geistes, der da lebendig macht, wirkt nur in denen, die geistlich sind, d.h. in denen, die auf die Dinge des Geistes achten. Wer aber sind diese? Es sind jene, die sich nicht viel aus den Dingen des Fleisches machen. Man kann statt «achten auf etwas» auch sagen: «eifrig damit beschäftigt» oder «eifrig darauf bedacht» sein.

Ein Beispiel: Eine Mutter geht aus und überläßt ihr Kleinkind einer Freundin. Ein Kind betreuen heißt, sich aufmerksam mit ihm zu beschäftigen. Wenn man dir die Obhut eines Kleinkindes anvertraut, dann darfst du dich nicht von anderen Dingen ablenken lassen. Genauso kann nur auf geistliche Dinge aufmerken, wer nicht eifrig mit weltlichen Dingen beschäftigt ist. Wer eifrig auf geistliche Dinge bedacht ist, kommt unter die Macht des Gesetzes des Heiligen Geistes. Unsere Denk-Kraft ist also auch begrenzt. Verbrauchen wir sie an fleischliche Dinge, so erweisen wir uns als unzulänglich für die Dinge des Geistes.

Wir erkennen nun, daß die seelische Kraft des äußeren Menschen genauso begrenzt ist wie unsere Körperkraft. Solange wir «Dinge in unseren Händen» haben, haben wir sie nicht frei für das Werk Gottes. Je nach der Anzahl Dinge, die wir in Händen haben, nimmt unsere Kraft zum Dienst für Gott ab oder zu. So wird das «Ding in der Hand» tatsächlich zu einem nicht geringen Hindernis.

Ferner mag einer viele gefühlsmäßige Dinge in Händen haben, abwechselnde und widerstreitende Zuneigungen und Abneigungen, Anlagen oder Erwartungen. All dies zieht ihn wie eine magnetische Kraft an. Mit so vielerlei in Händen kann er Gott seine Liebe nicht erzeigen, wenn Er danach verlangt; denn all seine Gefühle sind bereits aufgebraucht. Wenn er eine Zwei-Tages-Ration an Gefühlskraft verbraucht hat, geht es lange, bis er wieder angemessen zu fühlen und zu sprechen vermag. Wenn also die Gefühle an minderwertige Dinge verschwendet werden, so stehen sie für Gott nicht mehr ungeschmälert zur Verfügung. Der Geist, der inwendige Mensch, kann sich dann der Seele, des äußeren Menschen, nicht bedienen.

Jemand mag einen eisernen Willen zum Ausdruck bringen, also eine starke Persönlichkeit haben, deren Willenskraft unbegrenzt scheinen mag. Wo es aber um Gottes Sache geht, scheint er zu Entscheidungen unfähig zu sein; wie oft ist doch der stärkste Wille unschlüssig, wenn er vor Gott eine Entscheidung treffen sollte. Warum wohl? Bevor wir antworten, wollen wir noch jemanden betrachten, der voller Ideen ist. Obschon es ihm nie an neuen Ideen zu fehlen scheint, so gebricht es ihm völlig an Licht, wenn es darum geht, Gottes Willen in geistlichen Dingen zu erkennen. Warum wohl?

Während der äußere Mensch so sehr durch die «Dinge in der Hand» beschwert und ausgepumpt ist, bleibt für irgendwelchen geistlichen Gebrauch kaum mehr Kraft übrig. Wie sehr bedürfen wir doch der Erkenntnis, daß die Kraft des äußeren Menschen begrenzt ist. Selbst wenn er zerbrochen ist, bedarf es doch der Weisheit im Gebrauch seiner Kraft. Wie nötig ist es daher, daß wir «leere Hände» haben!

Wie der Geist einen zerbrochenen äußeren Menschen gebraucht

Im Umgang mit Menschen wird Gottes Geist den Geist des Menschen nie umgehen. Ebensowenig kann unser Geist den äußeren Menschen umgehen. Mit diesem wichtigen Grundsatz müssen wir uns unbedingt vertraut machen. Um andere zu erreichen, muß sich unser Geist des äußeren Menschen bedienen. Wenn nun aber dessen Kraft durch die vielen «Dinge in der Hand» verbraucht ist, kann Gott durch uns nicht wirken. Da ist der Weg weder dem menschlichen noch dem Heiligen Geist offen. Der innere Mensch vermag sich nicht zu äußern, da er durch den äußeren Menschen aufgehalten wird. Darum haben wir auch schon wiederholt darauf hingewiesen, daß der äußere Mensch zerbrochen werden muß.

Das «Ding in der Hand» ist schon da, ehe Gott zu wirken beginnt. Es stammt nicht von Gott und braucht weder Sein Gebot noch Gottes Kraft und Entscheidung, um ausgeführt zu werden. Es steht nicht unter Gottes Hand, es tritt vielmehr unabhängig in Aktion.

Bevor dein äußerer Mensch zerbrochen ist, bist du von deinen eigenen Dingen in Beschlag genommen, gehst du eigene Wege und liebst die Leute, die dir passen. Will aber Gott deine Liebe dazu brauchen, die Brüder zu lieben, so muß er vorher deinen äußeren Menschen zerbrechen. Dadurch wird deine Liebe umso größer. Der innere Mensch muß lieben, kann das aber nur durch den äußeren Menschen tun. Wenn dieser aber schon mit anderen Dingen beschäftigt ist, so fehlt dem inneren Menschen der Kanal seiner Liebe nach außen, der Kanal ist sozusagen verstopft.

Ebenso geht es dem inneren Menschen, wenn er den Willen gebrauchen will. Findet der innere Mensch den Willen bereits unabhängig in Aktion, so bleibt auch dieser Kanal verstopft.

Um unseren Willen zu brechen, muß uns Gott mit einem schweren Schlag treffen, so daß wir uns in den Staub niederwerfen und bekennen: «Herr, ich wage weder zu denken, noch zu fragen, noch selbst etwas zu entscheiden. Ich brauche Dich auch in den kleinsten Dingen.» Was uns auch treffen mag, so gilt es zu lernen, daß unser Wille nicht selbständig zu handeln hat. Nur dann ist unser Wille bereit, vom inneren Menschen gebraucht zu werden.

Ohne die Zusammenarbeit mit dem äußeren Menschen ist der innere sehr beeinträchtigt. Angenommen, ein Bruder geht zu einem Predigdienst. In seinem Geist hat er eine Last (eine Botschaft des Herrn). Gleichwohl findet er nicht die richtigen Gedanken, um dieser Last Ausdruck zu verleihen, so wird sie dann bald abklingen. Obschon sein ganzer Geist von dieser Last durchdrungen ist, ist doch alles nutzlos, wenn sein Verstand dies nicht mitzuteilen vermag. Durch die Last in unserem Geist wird keine Seele errettet, es sei denn, sie komme durch unseren Verstand zum Ausdruck. Die innere Last bedarf auch der Mitwirkung des Mundes, sonst ist es nicht möglich, den Leuten Gottes Wort bekanntzumachen. Die menschlichen Worte sind nicht Gottes Wort, und doch muß das Wort Gottes durch die menschlichen Worte vermittelt werden. Ist der äußere Mensch vom Morgen bis zum Abend also so sehr der Getriebene unzähliger, verwirrender Gedanken, so kann der Geist nicht durchdringen und wirksam werden.

So bleibt Gott nichts anderes übrig, als unseren äußeren Menschen zu überwältigen. Er bricht unseren Willen, indem er uns die «Dinge in der Hand» unseres Willens wegnimmt, so daß der Wille nicht mehr unabhängig wirken kann. Nicht, daß wir keinen Verstand haben sollen, aber daß wir nicht fleischlich denken und unseren unsteten Vorstellungen folgen sollen. Nicht, daß wir kein Gefühl haben sollen, aber daß all unsere Gefühle unter der Kontrolle und Herrschaft des inneren Menschen stehen. So werden Wille, Verstand und Gefühle dem inneren Menschen brauchbar. Es ist Gottes Wille, daß unser Geist den äußeren Menschen brauchen kann, sei es zum Lieben, zum Denken oder zum Treffen von Entscheidungen. Während Gott unseren äußeren Menschen keineswegs zu vernichten gedenkt, wollen wird doch «ja» dazu sagen, wenn Gott unseren äußeren Menschen zerbrechen will, sofern wir wirklich Gott dienen wollen.

Bis wir dort angelangt sind, sind der äußere und der innere Mensch uneins miteinander, und jeder wirkt unabhängig vom andern. Sind wir aber zerbrochen, dann ist der äußere Mensch unter die Kontrolle des inneren gekommen und unsere Persönlichkeit zu einer Einheit geworden und damit auch der zerschlagene äußere Mensch zu einem Kanal für den inneren Menschen.

Oftmals ist eine geeinte Persönlichkeit wohl auch charakteristisch für einen unerlösten Menschen, aber in diesem Fall steht der innere Mensch unter der Kontrolle des äußeren! Wohl ist dann der menschliche Geist auch da, aber er wird so vom äußeren Menschen unterdrückt, daß er bestenfalls manchmal einen Protest des Gewissens zu erheben vermag. Der innere Mensch ist völlig vom äußeren Menschen beherrscht – auch bei religiöser Aktivität.

Es ist indessen Gottes Absicht, daß ein Mensch, nachdem er die Erlösung angenommen hat, eine völlige Veränderung dieses Zustandes erfahren soll. So sehr auch sein äußerer Mensch zuvor den inneren bestimmte, so soll nunmehr sein innerer Mensch die absolute Herrschaft über den äußeren Menschen haben.

Das Radfahren kann uns als Illustration dienen. In der Ebene treten wir die Pedale, und dadurch rollen die Räder auf der Straße. Geht es aber bergab, so drehen sich die Räder, ohne daß wir zu treten brauchen; es ist, als ob uns die Straße vorwärtstriebe. Gleicherweise, wenn unser innerer Mensch stark und der äußere zerbrochen ist, dann «treten» wir, damit die «Räder» rollen. Wir bestimmen, ob wir weiterfahren oder anhalten wollen, auch wie schnell wir fahren wollen. Ist jedoch unser äußerer Mensch hart und ungebrochen, dann ist es, wie wenn man einen Abhang hinunterfährt und die Kontrolle über das Fahrrad verloren hat.

Möge der Herr in Seiner Gnade uns durch Zerbruch des äußeren Menschen so ausgeglichen machen, daß hinfort nicht mehr der äußere Mensch unser Berater ist und Entscheidungen trifft, sondern daß wir solche sind, die ihren Geist richtig zu gebrauchen wissen.

Ein zerbrochener Mensch – keine Theorie

Gott wirkt unaufhörlich an uns. Jahre des Leidens, der Prüfungen und der Hindernisse – so wirkt Gottes Hand, die an uns das Werk des Zerbruchs täglich weiterführt. Seht ihr nicht, was Gott durch diese endlosen Schwierigkeiten schaffen will? Wenn nicht, dann solltet ihr Ihn bitten: «O Gott, öffne mir die Augen, daß sie Deine Hand sehen und erkennen können.»

Wie oft sind doch die Augen eines Esels schärfer als die eines «Möchte-gern-Propheten». Obschon der Esel den Engel des Herrn bereits gesehen hatte, sah ihn Bileam, der Herr des Esels, noch nicht. Der Esel erkannte die wehrende Hand Gottes, aber Bileam, der sich als Prophet ausgab, gewahrte sie nicht. Wir sollten endlich erkennen, daß es der Zerbruch ist, durch den sich Gott in uns einen Weg bahnen will. Wie betrüblich ist es doch, daß sich einige immer noch vorstellen, sie seien mit größerem Wissen und Aufspeichern von Predigtunterlagen sowie Aneignung von mehr Bibelauslegungen Gott nützlicher. Das ist grundfalsch! Gottes Hand wirkt an dir, um deinen äußeren Menschen zu zerbrechen – nicht an deinem Willen, sondern nach Seinem; nicht wie du entscheidest, sondern wie Er beschließt. In unserem Unverstand beschuldigen wir andere, wenn Gott uns persönlich widersteht. Wir reagieren oft wie jener Prophet, der, blind für Gottes Hand, den Esel beschuldigt, wenn er nicht mehr vorwärts will.

Alles, was uns begegnet, weiß Gott. Für einen Christen gibt es keinen Zufall. In jeder Lage können wir eine wichtige biblische Lektion lernen. Bitten wir daher Gott, daß Er uns die Augen öffne, daß wir in allen Angelegenheiten und auf allen Gebieten sehen, daß Er es ist, der uns zerbrechen will. Eines Tages dann, wenn wir durch die über uns waltende Gnade Gottes Fügungen in unserer Umgebung anzunehmen vermögen, ist unser Geist befreit und bereit zu wirken.

Ein Gesetz, das kein Gebet zu ändern vermag

In uns wirkt ein unwandelbares Gesetz Gottes. Es ist Seine bestimmte Absicht, uns zu zerbrechen und unseren Geist zu freiem Wirken zu befreien. Wir müssen einsehen, daß kein Beten, Flehen oder Versprechen unsererseits diese Absicht zu durchkreuzen vermag. Nur dieser Weg führt zur wirklichen Freiheit des Geistes. Daran kann auch all unser Beten nichts ändern. Wenn du deine Hand ins Feuer streckst, wird dich dann dein Gebet, abgesehen von einem Wunder, für Schmerzen unempfindlich machen? Wenn du nicht versengt werden willst, dann tust du besser, wenn du deine Hand nicht ins Feuer streckst. Wenn du Gott dienen willst, dann handelt Gott mit dir nach Seinem Gesetz des Zerbruchs. Wer dieses Gesetz mißachtet, bittet umsonst um Segen. Gebet vermag Gottes Gesetz nie zu ändern.

Das muß uns ein für allemal klar werden. Die Möglichkeit geistlichen Wirkens besteht darin, daß sich Gott durch uns zu äußern vermag. Das ist die einzige Möglichkeit, die Gott geschaffen hat. In einem Unzerbrochenen bleibt das Evangelium blockiert und vermag nicht von ihm auszufließen. Wir wollen uns daher tief vor Gott beugen. Gottes Gesetz zu befolgen ist weit besser als viele Gebete. Es ist viel besser, wir hören auf zu beten und bekennen: «Herr, ich werfe mich Dir zu Füßen.»

Ja, wie oft entstehen doch durch unsere Gebete um Segen in Wirklichkeit nur neue Schranken. Wir sehnen uns nach Segen und finden höchstens Gottes Mitleid. Wenn wir einzig Erleuchtung suchten und uns Gottes Hand auslieferten und Seinem Gesetz Folge leisteten, so fänden wir als Frucht davon bald den Segen, nach dem uns so sehr verlangt.

Kapitel 4

Wie wir den Menschen erkennen

In unserer Arbeit im Reiche Gottes ist es äußerst wichtig, den Menschen erkennen zu können. Wenn wir jemandem begegnen, so gilt es, seinem geistlichen Zustand auf den Grund zu kommen, ebenso seinem Charakter und dem Stand seines geistlichen Fortschrittes. Wir müssen herausfinden, ob das, was er sagt, wirklich aus dem Herzen kommt, und wieviel er uns nicht gesagt hat. Wir sollen feststellen können, ob er hartherzig oder demütig ist, und ob seine Demut echt oder falsch ist. Dieses Urteilsvermögen ist wichtig für unsere Wirksamkeit im Dienst. Wenn Gottes Geist uns befähigt, durch unseren Geist den Zustand der vor uns stehenden Person zu erkennen, so vermögen wir auch das passende, richtige Wort weiterzugeben.

In den Evangelien entdecken wir, daß Jesus bei der Begegnung mit anderen Menschen immer das rechte Wort für sie hatte. Zur Samariterin sprach unser Herr nicht über die Wiedergeburt; Nikodemus gegenüber erwähnte Jesus nicht das lebendige Wasser. Die Wahrheit von der Wiedergeburt war gerade für Nikodemus wichtig und richtig, während die Wahrheit vom lebendigen Wasser für die Samariterin wichtig war. Und wie treffend sind diese Wahrheiten Jesu: Die Menschen, die Jesus noch nicht nachfolgten, wurden von ihm dazu eingeladen; jene, die ihm nachfolgen wollten, wurden ermutigt, das Kreuz auf sich zu nehmen; wer Ihm freiwillig folgen wollte, wurde aufgefordert, die Kosten zu überschlagen; dem, der zögerte, sagte Jesus: «Laß die Toten ihre Toten begraben.» Die Worte Jesu trafen stets ins Schwarze; denn Jesus *kannte alle Menschen!* Er wußte, ob sie als ernste Sucher zu Ihm kamen oder nur, um Ihn anzuspeien und zu verhöhnen. Möge Gott uns gnädig sein, daß auch wir von Ihm lernen, Menschen zu erkennen, auf daß unser Umgang mit ihnen eine gesegnete Wirkung hinterläßt.

Ohne diese Erkenntnis kann jemand nur seiner eigenen Vernunft gemäß dienen. Hat er an einem bestimmten Tag ein besonderes Gefühl, so wird er allen diesem Gefühl entsprechend antworten, ganz unbekümmert, wer ihn aufsuchen mag. Hat ein Bruder ein Vorzugsthema, so spricht er mit jedermann nur darüber. Wie aber kann solche Arbeit Früchte tragen?

Kein Arzt wird all seinen Patienten die gleiche Medizin verschreiben. Aber manche Diener Gottes meinen mit einem einzigen Rezept auszukommen. Obschon sie nicht wissen, was den Leuten fehlt, versuchen sie dennoch, diese seelsorgerlich zu betreuen. Trotz ihrer Unwissenheit bezüglich der Verworrenheit des Menschen und ihrem Mangel an Einsicht für deren geistlichen Zustand scheinen sie nur allzubereit zu sein, jedem Leiden begegnen zu wollen. Wie töricht ist es aber, mit nur einem Rezept all den verschiedenen geistlichen Leiden begegnen zu wollen!

Dieses Urteilsvermögen hängt nicht vom Intelligenzgrad des einzelnen ab. Nein, zu dieser Arbeit ist der Kluge ebenso unfähig wie der Dumme. Der unabhängige Verstand und das Gefühl taugen ebenfalls nicht dazu, die Menschen erkennen zu können.

Meistens kann man sich nicht darauf verlassen, was die Menschen sagen. Obschon jemand darauf besteht, daß er «Kopfweh» habe, so kann dies doch nur ein Symptom eines tiefer liegenden Zustandes sein, dessen Wurzeln anderswo zu suchen sind. Daß jemandem warm ist, heißt noch nicht, daß er hohes Fieber hat. Ein «kranker» Mensch ist selten dazu in der Lage, die Störung in seinem Leben selbst erkennen zu können. Er ist daher darauf angewiesen, daß ein geistlicher Bruder das eigentliche Übel erkennt und ihm das entsprechende Heilmittel nennt. Vielleicht erwartet ihr vom anderen, daß er euch sagt, was ihm fehlt. Doch kann er sich sehr wohl selbst irren. Nur ein geübter Diagnostiker, der geistliche Leiden zu erkennen vermag, kann auch der Not seines «Patienten» wirksam begegnen. So müßt ihr auch in der Richtigkeit eurer Diagnose sicher sein; wer voreingenommen ist, wird die Leute sicherlich betrüben, denn er dichtet ihnen seiner Vorstellung gemäß eine Krankheit an und besteht hartnäckig darauf, daß es dies oder jenes sei, was ihnen fehle.

Manchmal entdecken wir auch, daß eine besondere Not unsere Fähigkeiten übersteigt. Man darf nicht so töricht sein und annehmen, daß wir jeder Situation gewachsen sind und in jedem Fall helfen können. Wo man helfen kann, sollen wir das hingegeben und mit ganzer Kraft tun. Wo wir nicht helfen können, sollen wir zum Herrn sagen: «Das geht über mein Vermögen, ich komme nicht dahinter, was ihm fehlt. Das ist etwas, das zu lernen ich noch keine Gelegenheit hatte. O Herr, erbarme Dich meiner.»

Gerade in unserer Begrenzung haben wir die Gelegenheit, die gegenseitige Ergänzung der verschiedenen Glieder des Leibes kennenzulernen. Wo ihr dafür haltet, daß dieser Bruder oder jene Schwester dieser Not zu begegnen vermöchte, dann sucht sie auf und sagt: «Das geht über meine Fähigkeiten, vielleicht ist das ein Dienst für dich.» Wo wir so als Leib zusammenarbeiten, lernen wir in gegenseitiger Abhängigkeit und nicht unabhängig voneinander zu wirken.

Wer lediglich mit seiner persönlichen Ansicht einer bestehenden Not begegnen will, verdirbt manches Wachstum und sogar manches innere Leben. Belasten wir doch niemanden damit, daß wir ihm Leiden andichten, die nur unserer Einbildung entspringen. Unsere erste Aufgabe besteht darin, daß wir den wahren geistlichen Zustand unseres Gegenübers erkennen. Ohne dieses geistliche Verständnis können wir nie hoffen, den übrigen Gotteskindern wirklich helfen zu können.

Wir sind Werkzeuge des Herrn

Um ein geistliches Leiden festzustellen, haben wir weder Thermometer noch Röntgenapparat oder andere medizinische Instrumente zur Verfügung. Gott hat uns nämlich dazu ausersehen, selbst eine Art von «Fieberthermometer» zu sein. Durch Gottes Eingreifen in unser Leben rüstet er uns aus, daß wir zu erkennen vermögen, was einem Menschen wirklich fehlt. Als des Herrn geistliche «Ärzte» bedürfen wir einer gründlichen inneren Zubereitung. Wir müssen uns der Größe unserer Verantwortung völlig bewußt werden.

Angenommen, es gäbe noch keine Thermometer; dann müßte der Arzt durch Befühlung des Patienten feststellen, ob dieser Fieber hat. Die Hand des Arztes müßte als Thermometer dienen. Wie empfindlich und zuverlässig müßte dabei diese Hand sein! Das ist es aber gerade, worauf es in der geistlichen Arbeit ankommt.

Wir sind die Thermometer, die Instrumente. Wir müssen uns einer gründlichen Ausbildung und einem strengen Unterricht unterziehen, denn was in uns nicht zurechtgebracht wurde, bleibt auch in anderen unerledigt. Zudem sind wir außerstande, andere etwas zu lehren, was wir vor Gott nicht selbst erst gelernt haben. Je gründlicher unsere Zubereitung, desto brauchbarer werden wir im Werk Gottes. Je nachsichtiger wir gegen uns sind, gegen unseren Stolz, gegen unsere Engherzigkeit oder gegen unser Glück, desto unbrauchbarer sind wir. Was wir uns nicht aufdecken lassen, können wir auch in anderen nicht aufdecken. Wer selbst stolz ist, vermag auch anderen nicht aus ihrem Stolz zu helfen. Ebensowenig kann ein Engherziger einem anderen Engherzigen oder ein Heuchler einem anderen Heuchler eine Hilfe sein. Wer es in seinem eigenen Leben nicht genau nimmt, kann nicht auf jemanden positiv einwirken, der an dem gleichen Übel leidet.

Ein Arzt vermag anderen sehr wohl zu helfen, obschon er sich selbst vielleicht nicht zu heilen vermag. Im geistlichen Bereich hingegen ist dies kaum möglich. Der geistliche Arbeiter ist zunächst einmal selbst Patient und bedarf der Heilung, bevor er anderen helfen kann. Was er nicht selbst erfahren hat, kann er auch nicht an andere weiter vermitteln. Wo er nicht hindurchgegangen ist, kann er auch andere nicht hindurchführen. Was er nicht gelernt hat, kann er auch andere nicht lehren.

Damit mein Urteilsvermögen, meine geistlichen Wahrnehmungen zuverlässig werden, muß ich beten: «O Herr, laß mich nicht unberührt, ungebrochen und unvorbereitet erfunden werden.» Ich muß Gott in mir Dinge wirken lassen, die ich mir nie hätte träumen lassen, um so zu Seinem dienlichen Gefäß zubereitet zu werden. Kein Arzt wird ein mangelhaftes Thermometer verwenden. Wieviel gefährlicher ist es aber, geistliche Zustände anzupacken und dabei noch auf eigene Gefühle, Meinungen und Möglichkeiten zu bauen! Wie kann Gott uns gebrauchen, wenn wir noch solch ein mangelhaftes Thermometer sind? Wir müssen Gottes Behandlung an uns geschehen lassen, sonst sind all unsere Bemühungen umsonst. Dann aber muß er mit Seiner Behandlung wieder neu beginnen.

Sind wir uns unserer Verantwortung wirklich bewußt? Der Geist Gottes wirkt nicht direkt an den Leuten. Der Geist Gottes will durch geistliche Christen wirken. So müssen wir zuerst bei uns selbst Ordnung schaffen, uns der Erziehung des Heiligen Geistes hingeben. Andererseits besteht dann der Dienst und die Wortverkündigung. Ohne Wortverkündigung kann das geistliche Problem der Gläubigen nicht gelöst werden. Welche Verantwortung fällt hier auf Gottes Arbeiter! So hängt das Wachstum und das Gedeihen der Gemeinde davon ab, ob uns Gott in der Wortverkündigung gebrauchen kann oder nicht.

Angenommen, 40° Fieber wäre für ein ganz bestimmtes Krankheitsbild charakteristisch. Wenn der Arzt die Temperatur aber nicht kennt, so kann auch seine Diagnose nicht zuverlässig sein. Er wird der Krankheit nicht wirksam begegnen können. Genauso ist es im geistlichen Bereich. Wir können anderen nicht helfen, solange wir ein falsches Empfinden, falsche Ansichten und ein unzureichendes geistliches Verständnis besitzen. Gottes Geist kann nur dann durch uns zu seinem Ziel kommen, wenn wir zuverlässig und vertrauenswürdig sind.

So ist der Anfang geistlichen Wirkens dadurch gekennzeichnet, daß vieles vor Gott in Ordnung gebracht wird. Ein Thermometer wird nach einer bestimmten Norm gefertigt und sorgfältig geprüft, damit es den strengen Bedingungen entspricht. Wenn wir nun Thermometer sein sollen, wie streng muß da unsere Erziehung sein, damit wir der göttlichen Norm der Zuverlässigkeit entsprechen! Im Werk Gottes sind wir sowohl «Ärzte» als auch «medizinische Instrumente». Wie wichtig ist es da, daß wir Gottes Prüfung bestehen!

Der Schlüssel, um den Geist des Patienten zu erkennen

Um zu erkennen, was einem Menschen fehlt, gilt es zuerst, sein hervorstechendstes Merkmal zu erkennen. Es wird so deutlich hervortreten, daß er es nicht zu verbergen vermag, so sehr er es auch versucht. Bei einem stolzen Menschen kommt der Stolz unweigerlich zum Ausdruck. Bei einem trübsinnigen Menschen wird selbst das Lachen ein Anzeichen von Traurigkeit haben. Der Zustand eines Menschen bewirkt unweigerlich einen ganz bestimmten, fühlbaren Eindruck.

Die Bibel enthält viele Hinweise über die Verschiedenartigkeit des Geistes. Es gibt Leute mit einem voreiligen Geist; andere sind verhärtet in ihrem Geist, und wieder andere haben einen betrübten

Geist. Beim einen kann man von einem überheblichen Geist reden, bei einem anderen von einem niedergeschlagenen Geist und so weiter. Wie entstehen diese verschiedenartigen Geisteszustände? Sicher weist der menschliche Geist im Normalzustand keine derartigen negativen Eigenschaften auf. Der menschliche Geist ist einzig dazu bestimmt, Gottes Geist zu offenbaren. Wie kommt es nun aber, daß man von einem Geist sagt, er sei hart, stolz, überheblich, unversöhnlich oder eifersüchtig?

Es kommt daher, daß der äußere und der innere Mensch nicht getrennt sind, daher überträgt sich der Zustand des äußeren Menschen auch auf den inneren. Der Geist ist hart, weil er in die Härte des äußeren Menschen eingehüllt ist. Oder der Geist ist stolz, weil ihn der Stolz des äußeren Menschen umfängt, oder er ist eifersüchtig aufgrund der Eifersucht des äußeren Menschen. Wird der äußere Mensch nicht zerbrochen, so färbt er auf den Geist ab.

Unser von Gott ausgegangener Geist war ursprünglich rein, solange er nicht vom unreinen Zustand des äußeren Menschen angegriffen wurde. Ist der menschliche Geist aber stolz oder unbarmherzig, so nur deshalb, weil der äußere Mensch nicht zerbrochen ist. Um den Geist zu reinigen, muß man sich daher nicht mit dem Geist, sondern mit dem äußeren Menschen befassen. Wir müssen erkennen, daß die Schwierigkeit im äußeren Menschen liegt. Die «Färbung», die mit dem Geist zum Ausdruck kommt, läßt uns augenblicklich erkennen, worin ein Mensch noch nicht zerbrochen ist. Der eigentliche Zustand des äußeren Menschen liegt in der Art des Geistes, mit dem wir in Berührung kommen, offen vor uns.

Haben wir einmal gelernt, mit dem Geist des Menschen in Verbindung zu treten, so wissen wir genau, was seine Not ist. Das Geheimnis, Menschen zu erkennen, besteht darin, daß wir durch die Verbindung mit ihrem Geist erkennen, worin er eingehüllt ist. Laßt es uns mit Nachdruck wiederholen, daß wir einen anderen Menschen grundsätzlich dadurch erkennen, daß wir seinen Geist wahrnehmen und von ihm gewissermaßen kosten oder trinken. Sobald sich der Geist äußert, offenbart er die Natur des äußeren Menschen.

Wenn jemand in bezug auf einen bestimmten Charakterzug besonders ausgeprägt ist, so ist es, als ob etwas vorstehe. Man stößt schon beim ersten Kontakt darauf. Sobald man es fühlt, weiß man auch, was es ist und erkennt daran den ungebrochenen Menschen. Wenn man so seinen Geist wahrzunehmen vermag, dann kennt man auch seinen wirklichen Zustand. Man weiß dann auch, was er offen sagt oder was er zu verheimlichen sucht.

Unsere eigene Schulung in Menschenkenntnis

Wir wollen nun sehen, was unser Teil ist, um den Menschen zu erkennen. Die Maßnahmen, die der Heilige Geist trifft, uns zu erziehen, sind Lektionen Gottes, durch die wir ein ums andere Mal zerbrochen werden. Es braucht in manchen Bereichen unseres Lebens viel Zerbruch, bis wir einen brauchbaren Stand erreichen. Wenn wir sagen, daß wir durch den Geist an andere herankommen, so heißt das noch nicht, daß wir gleicherweise an jede einzelne Person herankommen, noch daß wir den geistlichen Zustand eines anderen in vollem Umfang wahrzunehmen vermögen.

Es ist ganz einfach so, daß wir in jedem einzelnen Punkt, in dem uns der Heilige Geist erzogen und in dem uns der Herr zerbrochen hat, auch anderen zu begegnen vermögen. Wo uns der Herr noch nicht hat zerbrechen können, und sei es in einer noch so kleinen Sache, sind wir in diesem Punkt einfach außerstande, anderen in der gleichen Not zu helfen.

Das ist eine geistliche Tatsache, die nicht zu ändern ist. Unser Geist ist nur in dem Maße frei, in dem wir zerbrochen wurden. Wer am meisten Züchtigung angenommen hat, vermag auch am besten zu dienen. Je mehr Verlust einer erlitten hat, umso mehr hat er zu geben. Worin auch immer wir uns selbst erhalten wollen, darin werden wir geistlich unfruchtbar. Wo immer wir uns bewahren und rechtfertigen wollen, werden wir gerade in diesem Punkt des geistlichen Empfindens und damit der Möglichkeit zu helfen beraubt. Es soll sich keiner vormachen, daß er diesen Grundsatz mißachten und dennoch fruchtbar sein könne!

Nur wer etwas gelernt hat, kann dienen. Ihr könnt das Pensum von zehn Jahren in einem Jahr lernen, oder aber zwanzig oder dreißig Jahre brauchen, um eine Jahreslektion zu lernen. Jeder Rückstand im Lernen bedeutet Rückstand im Dienen. Wenn Gott euch den Wunsch zu dienen ins Herz gelegt hat, so müßt ihr auch erkennen, was das in sich schließt. Die Möglichkeit des Dienstes liegt im Zerbruch und in der Annahme der Zucht des Heiligen Geistes. Der Grad unserer Zubereitung und unseres Zerbruchs bestimmt die Grenzen unseres Dienstes. Daß menschliches Gefühl und Intelligenz keine Hilfe sind, darf man als gesichert annehmen. Je mehr uns der Heilige Geist in Zucht hat, desto feiner vermögen wir zu erkennen, was im Menschen ist.

Obwohl dem Gläubigen der Heilige Geist ein für allemal geschenkt ist, so muß doch der Geist des Gläubigen zeitlebens weiter lernen. Je mehr wir lernen, desto klarer vermögen wir zu erkennen, desto besser können wir dienen. Ich bin oft traurig darüber, daß so viele Brüder und Schwestern im Herrn nicht wissen, wie man sich in geistlicher Einsicht übt. Zu viele Gläubige vermögen nicht zu unterscheiden, was vom Herrn ist und was der menschlichen Natur entspringt. Wenn wir Gottes Hand in unserem Leben erfahren, gelangen wir stufenweise zu einem geistlichen Empfindungsvermögen.

Es kann also sein, daß ein Bruder den Stolz verurteilt, ja vielleicht sogar dagegen predigt und sich dennoch nicht der Sündhaftigkeit seines eigenen Stolzes bewußt ist. Tritt bei einem anderen ebenfalls Stolz in Erscheinung, so wird dann auch der Geist des Bruders nicht betrübt; ja, es kann ihn sogar sympathisch berühren. Doch wenn er bereit ist, wird der Tag kommen, an dem Gottes Geist so an ihm wirkt, daß er wahrhaftig erkennt, was Stolz ist. Gott wird so mit ihm handeln, daß der Stolz verzehrt werden wird. Wenn nun auch seine Predigt gegen den Stolz noch genau gleich tönt wie vorher, empfindet er nunmehr dessen Widerwärtigkeit und wird betrübt, wenn bei einem Bruder Stolz zum Vorschein kommt. Was er von Gott gelernt und erlebt hat, läßt ihn empfinden und betrübt werden. Da er aber nun das Leiden seines Bruders erkennt, vermag er ihm auch zu dienen und zu helfen.

Geistliches Empfindungsvermögen erlangen wir nur durch viele Heilungsprozesse. Haben wir überhaupt einen Vorteil, wenn wir uns selbst bewahren und erhalten wollen? «Wer sein Leben zu erhalten sucht, der wird es verlieren.» Bitten wir daher den Herrn, daß Er Seine Hand nicht von uns zurückziehe. Wie unselig ist es doch, wenn wir nicht erkennen, was der Herr an uns tut. Wir können seiner Hand auch widerstehen, ohne uns dessen bewußt zu sein. Wenn das geistliche Verständnis fehlt, so deshalb, weil uns geistliche Schulung mangelt. Laßt uns daher klar bewußt werden, daß wir Menschen und Zustände umso besser erkennen, daß wir anderen umso besser zu helfen vermögen, je mehr uns Gott in Seine Schule nimmt. Es gibt keine andere Möglichkeit, unseren Dienstbereich zu erweitern; wir müssen dem Handeln Gottes möglichst weiten Raum geben!

Lernen, wie man dies in die Tat umsetzt

Haben wir diese Lektionen einmal gelernt, dann ist unser Geist befreit und befähigt, den Zustand anderer genau anzuvisieren. Wie können wir dies nun praktisch anwenden?

Wir kommen nur an den Geist des anderen Menschen heran, wenn wir ihn zuerst reden lassen. Gottes Wort sagt: «Wes das Herz voll ist, des geht der Mund über» (Matth. 12,34). Der Geist offenbart sich also in den Worten. Sind die Worte überheblich, so tritt dadurch ein überheblicher Geist in Erscheinung; sind sie neidisch, dann stoßen wir auf einen neidischen Geist. Während wir ihm zuhören, können wir an seinen Geist herankommen. Dabei soll man nicht nur auf die Worte achten, sondern hauptsächlich auf die geistliche Verfassung.

Als Jesus Christus auf dem Weg nach Jerusalem war, sahen zwei seiner Jünger, daß ihn die Samariter nicht aufnahmen. Sie fragten Jesus: «Herr, willst du, daß wir Feuer vom Himmel fallen und sie verzehren heißen, wie auch Elia getan hat?» (Luk. 9,54). Während sie sprachen, wurde ihr Geist offenbar. Der Herr aber antwortete: «Ihr wißt nicht, welches Geistes Kinder ihr seid» (Luk. 9,55). Hier zeigt uns Jesus, daß wir an den Worten eines Menschen seinen Geist erkennen können.

Wir haben noch einen weiteren Punkt zu berücksichtigen. Bei einem Gespräch dürfen wir uns nicht durch das Thema vom Geist ablenken lassen. Angenommen, zwei Brüder befinden sich im Streit und jeder beschuldigt den anderen. Wie müssen wir nun vorgehen, wenn wir mit dieser Sache konfrontiert werden? Obschon keine objektive Möglichkeit besteht, die Tatsachen zu prüfen, wissen wir doch, daß die Worte der beiden ihren Geist offenbaren. Unter Christen wird Recht und Unrecht nicht nur der Tat nach beurteilt, sondern auch nach dem Geist. Wenn ein Bruder zu sprechen beginnt, so können wir augenblicklich feststellen, daß sein Geist nicht in Ordnung ist, obschon uns wahrheitsgemäße Fakten über den Fall fehlen. Der eine mag klagen, daß ihn der andere gescholten habe; dessen ungeachtet kann man sofort merken, daß mit seinem Geist etwas nicht stimmt. Der wahre Sachverhalt läßt sich am Geist erkennen.

Vor Gott wird Recht und Unrecht weniger nach der Tat als nach dem Geist beurteilt. Wie oft wird in der Gemeinde eine nach außen richtige Handlung durch einen falschen Geist begleitet. Beurteilen wir nur nach der Handlung, so ziehen wir die ganze Sache auf ein unzuverlässiges Gebiet. Wir sollten im geistlichen Bereich bleiben und uns nicht in den Bereich der bloßen äußeren Tat begeben.

Sobald unser Geist befreit ist, vermögen wir den Zustand des Geistes bei anderen aufzudecken. Begegnen wir einem verschlossenen Geist, so haben wir unseren Geist darin zu üben, daß wir den Sachverhalt beurteilen und den Menschen erkennen können. Möchten wir mit Paulus sagen können: «Somit kennen wir von jetzt an niemand nach dem Fleisch» (2. Kor. 5,16). Wir erkennen den Menschen nicht mehr nach dem Fleisch, sondern nach dem Geist. Wenn wir diese Grundlektion gelernt haben, so wird es Gott möglich, durch uns seine Absichten zu verwirklichen.

Kapitel 5

Die Gemeinde und das Werk Gottes

Wer das Wesen des Werkes Gottes recht versteht, wird eingestehen, daß der äußere Mensch ein schreckliches Hindernis ist. Es ist nur allzu wahr, daß Gott durch uns Menschen in Seinem Wirken sehr eingeschränkt wird. Gottes Volk sollte das Endziel der Gemeinde kennen und ebenso die Zusammenhänge zwischen Gemeinde, göttlicher Macht und Gottes Werk.

Gottes Offenbarung und Gottes Einschränkung

Es kam die Zeit, da Gott menschliche Gestalt annahm – in Jesus von Nazareth. Bevor das Wort Fleisch wurde, kannte Gottes Fülle keine Einschränkung. Als jedoch die Menschwerdung Wirklichkeit wurde, waren Gottes Werk und Macht auf dieses Fleisch beschränkt. Wird nun dieser Mensch – Jesus Christus – Gott einschränken oder offenbar werden lassen?

Die Bibel zeigt uns, daß (weit entfernt von Einschränkung) Jesus Gottes Fülle in wunderbarer Weise offenbarte. Gottes Fülle ist auch die Fülle dieses einzigartigen Menschen- und Gottessohnes.

In unseren Tagen will sich Gott durch die Gemeinde offenbaren. Gottes Macht und Gottes Werk findet sich in der christlichen Gemeinde. So wie wir in den Evangelien Gottes Werk dem Sohn übergeben finden, so hat Gott heute all sein Werk der Gemeinde anvertraut und will alleine durch sie wirken. Seit Pfingsten bis in unsere Gegenwart wurde Gottes Werk durch die Gemeinde ausgeführt. Besinnt euch daher auf die riesige Verantwortung der Gemeinde! Gott hat sich der Gemeinde gegenüber genauso verpflichtet wie zuvor Jesus Christus – ohne Vorbehalt und Einschränkung. Die Gemeinde kann aber ihrerseits Gottes Werk und Offenbarung einschränken.

Jesus von Nazareth ist Gott selbst. Sein ganzes Wesen, von innen bis außen, offenbart Gott. Sein Empfinden gibt Gottes Empfinden wieder; seine Gedanken offenbaren Gottes Gedanken. Während er hier auf der Erde war, konnte er sagen: «*Nicht damit* ich meinen Willen tue, sondern den Willen dessen, der mich gesandt hat ... *Der Sohn kann nichts von sich aus tun, er sehe denn den Vater etwas tun* ... *Denn ich habe nicht von mir aus geredet, sondern der Vater, der mich gesandt hat, er hat mir Auftrag gegeben, was ich sagen und was ich reden soll» (Joh. 6,38; 5,19; 12,49).*

Hier sehen wir einen Menschen, dem sich Gott anvertraut hat. Er ist das Wort, das Fleisch wurde. Er ist der Mensch gewordene Gott. Er ist vollkommen. Als der Tag kam, an dem Jesus Christus sein Leben zu geben wünschte, konnte Er erklären: «*Wenn das Weizenkorn nicht in die Erde fällt und erstirbt, bleibt es allein; wenn es aber erstirbt, trägt es viel Frucht» (Joh. 12,24)*. Genauso hat Gott die Gemeinde erwählt, heute Sein Gefäß zu sein – Gefäß Seines Wortes, damit Seine Macht und Sein Wirken offenbar werden.

Die grundlegende Lehre der Evangelien ist die Gegenwart Gottes in dem einen Menschen Jesus Christus, während die Apostelbriefe von der Gegenwart Gottes in der Gemeinde sprechen. Möchten doch unsere Augen diese herrliche Tatsache sehen: Zuerst wohnte Gott im Menschen Jesus Christus, nun aber einzig in der Gemeinde, in keinem anderen Gebilde sonst.

Wenn wir dies kapieren, werden wir von selbst unsere Augen zum Himmel heben und sagen: «O Gott, wie oft haben wir Dich gehindert!» In Jesus Christus war der allmächtige Gott noch allmächtig, da gab es weder Einschränkung noch Einengung. Was Gott heute erwartet, ist, daß diese gleiche Macht unversehrt bleibe, da er in der Gemeinde wohnt. Er möchte sich in der Gemeinde ebenso ungehindert offenbaren können, wie dies in Christus der Fall war. Irgendwelche Vorbehalte oder Unzulänglichkeiten in der Gemeinde werden dem Wirken Gottes unweigerlich Schranken setzen. Das ist eine sehr ernste Angelegenheit; wir erwähnen dies nicht unbesonnen. Die Hindernisse in einem jeden von uns sind auch Hindernisse für Gott.

Warum ist die Zucht des Heiligen Geistes so wichtig? Warum das Scheiden von Geist und Seele so dringend? Doch nur darum, daß Gott durch uns freien Lauf bekommt. Es soll doch keiner denken, daß wir an nur persönlichen geistlichen Erfahrungen interessiert wären. Unser größtes Anliegen ist Gottes Weg und Gottes Werk. Wie steht es mit unserem Leben? Hat Gott freie Bahn? Wenn sich Gott nicht mit uns befaßt und uns durch Seine Hand Zerbruch schenkt, werden wir stets nur ein Hemmschuh für Ihn sein. Ohne den Zerbruch des äußeren Menschen bietet auch die Gemeinde keine Möglichkeit für Gottes Wirken.

Zerbruch – Gottes Wirkungsweise

Wir wollen nun betrachten, wie der Zerbruch des äußeren Menschen unser Bibellesen, unsere Stellung als Diener am Wort und die Verkündigung des Evangeliums beeinflußt.

Das Bibellesen

Es ist keine Frage: Was wir sind, entscheidet zugleich darüber, was wir aus der Bibel erhalten. Wie oft stützt sich der Mensch in seiner Einbildung auf seinen unerneuerten und verwirrten Verstand, wenn er die Bibel liest. Die Frucht davon ist nichts anderes als seine eigenen Gedanken! Er kommt mit dem Geist des Heiligen Wortes überhaupt nicht in Berührung. Wenn wir im Wort dem Herrn begegnen wollen, dann muß Gott zuerst unsere eigenen Gedanken zerbrechen. Wir mögen unsere Intelligenz noch so hoch einschätzen, für Gott ist sie ein großes Hindernis. Sie vermag uns Gottes Gedanken nie zu erschließen.

Es gibt mindestens zwei grundlegende Voraussetzungen für das Bibellesen: Erstens müssen sich unsere Gedanken in die Gedanken der Bibel hineindenken, und zweitens muß unser Geist in den Geist der Bibel eindringen. Wir müssen so denken, wie der Schreiber dachte, als er das Wort niederschrieb, ob es Petrus, Paulus oder Johannes war, der es geschrieben hatte. Unsere Gedanken müssen dort beginnen, wo seine Gedanken begannen, und sich so entwickeln, wie sich die seinen entwickelten. Wir müssen fähig sein, so klar zu überlegen, wie er überlegte, und so zu ermahnen, wie er ermahnte. Mit anderen Worten: unsere Gedanken müssen sich mit den seinen treffen. Das ermöglicht dem Geist, uns die genaue Bedeutung des Wortes zu vermitteln.

Es gibt Menschen, die mit einer vorgefaßten Meinung die Bibel in die Hand nehmen. Ihnen dient das Bibellesen nur, um ihre vorgefaßten Lehren biblisch zu untermauern. Wie tragisch! Eine erfahrene Person wird schon nach fünf oder zehn Minuten erkennen, ob solch ein Sprecher die Bibel seinen eigenen Zielen dienstbar machen will oder ob dessen Gedanken mit denen der Bibel im Einklang stehen.

Der eine mag aufstehen und eine gefällige, anscheinend schriftgemäße Botschaft weitergeben, und doch können seine Gedanken in Wirklichkeit im Gegensatz zu denen der Bibel stehen. Einen anderen hören wir predigen, dessen Gedanke sich mit dem der Bibel deckt, der also mit der Bibel eine harmonische Einheit bildet. Obschon diese Stellung eigentlich die normale ist, erlangen sie nicht alle. Damit unsere Gedanken mit denen der Bibel einig gehen, bedarf es des Zerbruchs des äußeren Menschen.

Denkt nicht, daß unser Bibellesen unfruchtbar sei, weil es an der Unterweisung fehle. Der Mangel liegt vielmehr bei uns, weil sich Gott unsere Gedanken noch nicht hat unterwerfen können. Zerbrochensein heißt also mit der eigenen Geschäftigkeit aufhören und ebenso mit unserem voreingenommenen Denken, um anzufangen, stufenweise den Sinn des Herrn anzunehmen und dem Lauf der biblischen Gedanken zu folgen. Erst wenn unser äußerer Mensch zerbrochen ist, vermögen wir in die Gedanken des Wortes Gottes einzudringen.

So wichtig dies ist, so müssen wir doch noch auf die Hauptsache zu sprechen kommen. Die Bibel enthält mehr als nur Worte, Ideen und Gedanken. Das hervorstechendste Merkmal der Bibel ist, daß durch dieses Buch der Geist Gottes hervorzubrechen vermag. Wenn ein Verfasser, ob Petrus oder Johannes, Matthäus oder Markus, durch den Heiligen Geist erleuchtet ist, so folgt sein erneuerter Sinn den eingegebenen Gedanken und kommt sein Geist mit dem Heiligen Geist zum Durchbruch. Die Welt kann nicht verstehen, daß Gottes Wort tatsächlich Geist ist und daß dieser Geist so hervorzubrechen vermag, wie es uns der prophetische Dienst aufzeigt. (Prophetisch reden heißt nach 1. Kor. 14,3 treffend reden zur Erbauung, zur Ermahnung und zum Trost.) Wenn ihr heute eine prophetische Botschaft hört, so wird euch bewußt, daß da etwas Geheimnisvolles gegenwärtig ist, das mehr ist als nur Worte und Gedanken. Es ist das Offenbarwerden des Geistes Gottes durch das Gotteswort.

Da in der Bibel also nicht nur Gedanken, sondern der Geist

selbst hervorbricht, könnt ihr die Bibel nur dann recht verstehen, wenn euer Geist mit dem Geist der Bibel in Verbindung kommen kann. Nehmen wir zur Illustration einen ungezogenen Buben, der absichtlich ein Fenster des Nachbarn einschlägt. Der Nachbar kommt heraus und überschüttet ihn mit Scheltworten. Sobald die Mutter des Jungen von diesem Unfug hört, tadelt sie ihren Sprößling ebenfalls ernstlich. Aber irgendwie besteht da ein Unterschied im Geist der beiden Strafpredigten. Die eine kommt aus einer schlechten Laune und entspringt einem zornigen Geist, die andere aber bringt dennoch Liebe, Hoffnung und Erziehung zum Ausdruck. Das ist nur ein einfaches Beispiel. Der Geist, der die Schrift eingab, ist der ewige Geist, der in der Bibel immer gegenwärtig ist. Wenn unser äußerer Mensch zerbrochen ist, dann ist unser Geist frei und vermag mit dem Geist, der die Schrift eingegeben hat, in Verbindung zu treten. Andernfalls bleibt die Bibel für uns ein totes Buch.

Dienst am Wort

Gott möchte, daß wir sein Wort verstehen; denn das ist der Ausgangspunkt des geistlichen Dienstes. Er ist auch darauf bedacht, Sein Wort als eine Last in unseren Geist zu legen, damit wir es zum Dienst an der Gemeinde brauchen. In Apg. 6,4 lesen wir: «Wir jedoch wollen beim Gebet und beim Dienst des Wortes verharren.» So bedeutet also Wortverkündigung, den Menschen mit Gottes Wort zu dienen.

Worin liegt nun die Schwierigkeit, wenn wir in der Wortverkündigung das Wort, das in unserem Innersten lebendig ist, nicht zum Ausdruck bringen können? Es geschieht oft, daß ein Wort schwer auf einem Bruder lastet, und er glaubt, er müsse es den Geschwistern weitergeben. Doch während er Satz für Satz hervorbringt, bleibt diese innere Last so schwer wie je zuvor. Obschon bereits eine Stunde verstrichen ist, fühlt er sich keineswegs erleichtert, und so zieht er am Ende mit der gleichen Last von dannen, mit der er gekommen war. Warum das? Nur deshalb, weil sein äußerer Mensch noch nicht zerbrochen wurde. Statt dem inneren Menschen eine Hilfe zu sein, sind hier die menschlichen Anlagen ein Hindernis.

Ist der äußere Mensch aber zerbrochen, dann wird es uns nicht mehr zum Problem, etwas zum Ausdruck zu bringen. Wir finden dann auch die rechten Worte, um unserem innersten Empfinden Ausdruck zu verleihen. Durch das Freiwerden des Wortes werden wir von der inneren Last erleichtert. Das ist die Art und Weise, um der Gemeinde mit Gottes Wort zu dienen. Darum wiederholen wir nochmals, daß der äußere Mensch das größte Hindernis für die Wortverkündigung darstellt.

Viele sind der irrigen Ansicht, daß sich intelligente Menschen am besten für die Wortverkündigung eignen. Wie verkehrt! Wie klug auch jemand sein mag: der äußere Mensch bietet keinen Ersatz für den inneren! Erst nachdem der äußere Mensch zerbrochen ist, findet der innere die passenden Gedanken und die trefflichen Worte. Gott muß die Schale des äußeren Menschen zerschlagen. Je mehr sie zerbrochen ist, desto freieren Lauf hat das Leben im Geist. Solange die Schale ganz bleibt, vermögen wir uns von der Last im Geiste nicht zu befreien, noch können wir der Gemeinde Gottes Leben und Kraft zufließen lassen.

Gottes Leben und Kraft wird weitgehend durch die Wortverkündigung vermittelt. Solange unser innerer Mensch nicht befreit ist, hören die Leute nur unsere Worte, spüren aber nichts vom Leben. Wir hätten zwar vielleicht ein Wort weiterzugeben, aber die anderen vernehmen es nicht, weil wir es nicht zum Ausdruck bringen können. Das Wort ist in euch, aber ihr könnt es nicht treffend aussprechen. Das Werk Gottes geht im Innern weiter, aber es wird nicht offenbar, weil es vom äußeren Hindernis noch aufgehalten wird.

Das Predigen des Evangeliums

Eine weitere falsche Auffassung ist die Meinung, die Leute würden dem Evangelium glauben, weil sie entweder vernunftsmäßig von der Richtigkeit der Lehre überzeugt worden oder gefühlsmäßig aufgerüttelt worden sind. Tatsache ist aber, daß ein Glaube aufgrund dieser beiden Gründe nur von kurzer Dauer ist. Wohl müssen auch Verstand und Gefühl erreicht werden, aber das allein genügt nicht. Verstand mag Verstand und Gefühl mag Gefühl erreichen, die Errettung aber geht tiefer, muß tiefer gehen. Geist muß den Geist erreichen! Nur wenn der Geist des Predigers hervorbricht und leuchtet, fallen normalerweise Sünder nieder und ergeben sich wirklich Gott. Dies ist der richtige Geist, und er ist unerläßlich zur Verkündigung des Evangeliums.

Ein Bergarbeiter wurde beispielsweise sehr von Gott gebraucht. Obschon er ein ganz gewöhnlicher Bruder war, ohne höhere Schulung oder besondere Begabung, übergab er sich ganz dem Herrn, um dann von ihm mächtig gebraucht zu werden. Eines aber war bezeichnend an ihm: er war ein zerbrochener Mensch und hatte einen lauteren Geist. Während er einem Prediger zuhörte, empfand er eine solche Last für die Menschen, daß er den Prediger bat, sprechen zu dürfen. Er ging zum Pult, sprach aber nur wenige, einfache Worte. Dennoch erfüllte Gottes Geist diesen Versammlungsort, und die Leute wurden ihrer Sünden überführt und ihr verlorener Zustand wurde ihnen bewußt. Hier war ein junger, zerbrochener Mann, der nur wenige Worte sprach, aber als sein Geist hervorbrach, wurden die Leute mächtig ergriffen. Er war zeitlebens vielen das Werkzeug zur Errettung.

Wenn also euer Geist den Geist eines unerlösten Menschen trifft, dann belebt Gottes Geist diesen sich in Finsternis befindenden Geist, so daß er auf wunderbare Weise errettet werden kann. Wenn aber euer Geist durch den äußeren Menschen gefangen gehalten wird, hat Gott in euch keinen freien Lauf und die Frohbotschaft ist blockiert. Ohne Zerbruch sind wir daher untüchtig, Seelen zu gewinnen, wie gut wir auch alle Lehrsätze auswendig kennen mögen. O Geliebte, wenn unser Geist wirklich frei ist, dann werden sicherlich auch Seelen errettet.

Sind die Menschen einmal errettet, so will Gott nicht, daß sie noch lange zuwarten, bis sie ihre Sünden in Ordnung bringen, um dann wiederum Jahre zu warten, bis sie sich Ihm weihen und nochmals länger warten, bis sie Seinem Ruf zur Nachfolge entschieden nachkommen. Sobald die Leute glauben, sollten sie sich sogleich von ihren Sünden abwenden, sich völlig dem Herrn weihen und die Macht des Mammons brechen. Ihr Lebenslauf sollte nicht anders sein, als uns die Evangelien und die Apostelgeschichte von Christi Nachfolgern berichten. Damit das Evangelium wieder seine Herrlichkeit erhält, muß der Herr im Leben der Evangeliums-Boten freie Bahn haben.

Laßt uns vor dem Herrn das Haupt neigen und zugeben, daß vor allem die Boten des Evangeliums der Heilung bedürfen. Da das wirkungsvolle Predigen des Evangeliums mehr Kraft erfordert, müssen auch die Evangeliums-Boten einen höheren Preis bezahlen. Wir müssen alles auf den Altar legen. Laßt und daher beten: «Herr, ich lege mein Alles auf Deinen Altar. Schaffe in mir einen Weg, damit auch die Gemeinde in mir einen Weg finden möge. Ich möchte nicht einer sein, der Dich und Deine Gemeinde blockiert.»

Jesus Christus hat den himmlischen Vater nie auf irgend eine Weise gehindert. Während bald zweitausend Jahren arbeitet Gott in der Gemeinde auf den Tag hin, da sie ihn nicht mehr einschränkt. So wie Christus völlig Gott offenbarte, so soll es auch mit der Gemeinde sein. Schritt um Schritt lehrt Gott seine Kinder und müht sich um sie; immer und immer wieder spüren wir Seine Hand. So wird es sein bis zu dem Tag, da die Gemeinde Gott in Wahrheit völlig offenbart. Laßt uns heute vor den Herrn treten und bekennen: «Herr, wir sind beschämt. Wir haben Dein Werk verzögert und Dein Leben gehindert; wir haben die Ausbreitung Deiner Botschaft aufgehalten und Deine Herrschaft eingeschränkt.» Lassen wir uns jeder für sich in unseren Herzen aufs neue ihm ausliefern und sagen: «Herr, Dir lege ich mein Alles auf Deinen Altar, damit in mir ein Weg für Dich frei werde.» Wenn wir Frucht erwarten, dann müssen wir uns völlig Gott weihen wie die Glieder der ersten Gemeinde. Möge Gott durch uns als geöffnete Kanäle wirken können!

Kapitel 6

Zerbruch und Erziehung

Soll der äußere Mensch zerbrochen werden, müssen wir uns Gott völlig weihen. Allerdings löst dieser entscheidende Akt allein nicht das gesamte Problem unseres Dienstes. Sich weihen ist einzig der Ausdruck der Bereitschaft, in Gottes Hand sein zu wollen, und das kann in wenigen Minuten geschehen. In so kurzer Zeit aber wird Gott mit unserer Erziehung nicht fertig. Wenn wir willig sind, uns Gott ganz zur Verfügung zu stellen, befinden wir uns erst am Anfang der geistlichen Straße. Der weitere Weg nach der Weihe heißt «Erziehung durch den Heiligen Geist». Die notwendige Weihe stellt also keinen Ersatz für diese ebenfalls notwendige Erziehung dar.

Die Weihe vollzieht sich nach dem Maß *unserer* geistlichen Erkenntnis und Einsicht. Der Heilige Geist dagegen erzieht uns *Seinem* Licht entsprechend. Wir wissen nicht, was unsere Weihe alles in sich schließt. Unser Licht ist begrenzt und ist auch dann, wenn es uns am hellsten zu sein scheint, in Gottes Augen doch nur wie ein dunkler Punkt. Gottes Anforderungen übersteigen bei weitem, was wir möglicherweise zu weihen haben, nämlich unserem beschränkten Licht entsprechend. Andererseits wird uns die Erziehung des Heiligen Geistes so zugemessen, wie Gott es in Seinem Licht notwendig erachtet. Er weiß, wo es uns besonders mangelt und ordnet durch Seinen Geist unsere Verhältnisse so, daß der Zerbruch des äußeren Menschen zuwege gebracht wird. Die Erziehung des Heiligen Geistes führt also weit über unsere Weihe hinaus.

Da der Heilige Geist dem Lichte Gottes gemäß wirkt, ist Seine Erziehung dementsprechend gründlich und vollkommen. Wir wundern uns oftmals über all das, was uns zustößt. Wäre die Entscheidung aber uns überlassen, so könnten wir uns doch sehr leicht irren, obschon wir für uns die Wahl aufs beste zu treffen glaubten. Was Gott zu unserer Erziehung vorsieht, übersteigt unser Fassungsvermögen. Wie oft trifft uns etwas unvorbereitet und läßt uns zum Schluß kommen, so etwas Drastisches wäre für uns nicht nötig gewesen. Oftmals setzt Gottes Erziehung auch plötzlich ein, ohne daß wir auch nur eine Vorahnung davon haben. Wir mögen darauf bestehen, «im Lichte» zu wandeln, aber der Heilige Geist handelt mit uns nach Gottes Licht. Seit wir ihn empfangen haben, hat Er unsere Verhältnisse nur zu unserem Besten geordnet, denn Er kennt uns.

Das Wirken des Heiligen Geistes führt uns durch aufbauende, aber auch durch zerstörende Entwicklungsstufen. Nachdem wir wiedergeboren sind, wohnt der Heilige Geist in uns, aber unser äußerer Mensch beraubt ihn nur allzuoft seiner Freiheit. Es ist, wie wenn man in neuen, aber schlecht sitzenden Schuhen zu gehen versucht. Weil unser äußerer und innerer Mensch widereinander streiten, muß Gott jedes Mittel anwenden, das Ihm wirksam erscheint, um jedes Bollwerk in uns zu zerbrechen, das noch nicht unter der Kontrolle des inneren Menschen steht.

Der Heilige Geist zerbricht den äußeren Menschen nicht dadurch, daß er dem inneren Gnade verleiht. Natürlich möchte Gott, daß der innere Mensch stark ist, aber Seine Methode besteht darin, in Anwendung äußerer Mittel dafür zu sorgen, daß der äußere Mensch abnimmt. Dies zustande zu bringen, wäre wohl auch dem inneren Menschen kaum möglich, sind doch diese beiden in ihrem Wesen zu verschieden, als daß sie einander auch nur verwunden könnten. Da hingegen der äußere Mensch und die äußeren Dinge gleich geartet sind, ist jener durch diese leicht zu verwunden. Äußere Dinge vermögen den äußeren Menschen sehr schmerzlich zu treffen. Daher verwendet auch Gott in Seinem Verfahren mit unserem äußeren Menschen äußere Dinge.

Ihr wißt aus der Bibel, daß zwei Sperlinge um einen Pfennig (Matth. 10,29) und fünf Sperlinge um zwei Pfennige (Luk. 12,6) verkauft wurden. Das war gewiß billig, zudem war der fünfte Sperling gratis. Aber *«nicht einer von ihnen fällt auf die Erde ohne euren Vater; an euch aber sind selbst die Haare des Hauptes alle gezählt» (Matth. 10,29-30).* Das gibt uns die Gewißheit, daß es Gott ist, der all unsere Verhältnisse bestimmt. Da gibt es keinen Zufall, außer den Dingen, die Gott uns «zufallen» läßt.

Gott schickt uns Dinge, die nach Seiner Erkenntnis zum Zerbruch unseres äußeren Menschen nötig sind. Er weiß, daß uns im Blick auf dieses Ziel gewisse äußere Dinge zu entkräften vermögen, daher läßt Er uns dasselbe einmal, zweimal, ja wo nötig auch mehrere Male zustoßen. Erkennen wir, daß es Gott war, der, um uns zu erziehen, all die Geschehnisse der letzten fünf oder zehn Jahre geschickt hat? Wer unter uns gemurrt und geklagt hat, hat Seine liebende Hand nicht erkannt! Wer einfach annahm, daß er Unglück habe, war blind für die Erziehung des Heiligen Geistes. Denken wir daran: Was Gott uns schickt, dient nur zu unserem Besten! Obschon wir uns selbst wohl etwas anderes ausgesucht hätten, so weiß Gott sehr wohl, was für uns das Beste ist. Wo wären wir heute, wenn uns Gott nicht in den Verhältnissen, die Er uns bereitet hat, erzogen hätte? Das ist es ja gerade, was uns rein hält und in Seinen Wegen wandeln läßt. Wie töricht ist es, immer wieder zu murren und sich im Herzen dagegen aufzulehnen, was doch der Heilige Geist nur zum Guten zugemessen hat!

Sobald wir errettet sind, setzt der Heilige Geist mit der Erziehung ein. Wenn einer aber errettet ist, sein Leben aber noch nicht ganz dem Herrn geweiht hat (während er also sich selbst noch mehr liebt als den Herrn), beginnt der Heilige Geist dennoch dahin zu wirken, diesen Menschen unter Seine Führung zu bringen und seinen äußeren Menschen zu zerbrechen.

Schließlich kommt dann die Zeit, in der man erkennt, daß man *aus* sich selbst und *für* sich selbst nicht leben kann. Im schwachen Licht, das man besitzt, kommt man zu Gott und sagt: «Ich weihe mich Dir völlig. Ob es Leben oder Tod bedeutet, ich übergebe mich ganz Deinen Händen.» Das wird das Werk des Heiligen Geistes an uns sehr fördern. Darin liegt der Wert, wenn wir uns Ihm völlig weihen: es erlaubt dem Heiligen Geist, uneingeschränkt zu wirken. Laßt euch daher nicht befremden, wenn euch vielerlei unerwartete Dinge begegnen, nachdem ihr euch dem Herrn geweiht habt.

Nachdem ihr gesagt habt: «Herr, laß mir widerfahren, was immer Dir für mich gut erscheint!» müßt ihr dem erzieherischen Werk des Heiligen Geistes eure ganze Aufmerksamkeit schenken.

Das größte Gnadenmittel

Gott hat uns vom Tag an, da wir errettet wurden, Gnade erwiesen. Die Möglichkeiten, durch die uns von Gott Gnade zuteil wird, nennt man «Gnadenmittel», wie z.B. Gebet und Lauschen der Wortverkündigung. Der vielsagende Ausdruck «Gnadenmittel» war der Gemeinde all die Jahrhunderte hindurch geläufig. Wir empfangen Gnade durch Versammlungen, Botschaften, Gebete usw. Das größte Gnadenmittel aber, auf das zu achten wir nie versäumen sollten, ist die Erziehung des Heiligen Geistes. Nichts sonst kann mit diesem Gnadenmittel verglichen werden, weder Gebet, Bibellesen, Versammlungen, Botschaften, Andacht noch Lobpreis. Von allen Gnadenmitteln Gottes scheint dies das wichtigste zu sein.

Der Nachweis dieses Gnadenmittels kann uns zeigen, wie weit wir bereits mit dem Herrn gegangen sind. Was wir täglich erleben, ob zu Hause oder in der Schule, in der Fabrik oder auf der Straße, ist uns vom Heiligen Geist zu unserem höchsten Gewinn verordnet. Wenn uns dieses Gnadenmittel keinen Gewinn bringt, dann erleiden wir schrecklichen Verlust. Keines der anderen Gnadenmittel kann dieses ersetzen, so köstlich sie auch sind.

Die Botschaften nähren uns, das Gebet stärkt uns, Gottes Wort erfrischt uns, andern helfen schafft unserem Geist Befreiung. Wo aber unser äußerer Mensch stark bleibt, hinterlassen wir bei allen, die uns begegnen, einen verwirrten, unklaren Eindruck. Die Leute sehen wohl unseren Eifer, aber sie sehen auch unsere unklaren Beweggründe; sie sehen unsere Liebe zum Herrn, stoßen aber auch noch auf unsere Eigenliebe. Wir sind ein wertvoller Bruder, aber auch ein schwieriger, sofern unser äußerer Mensch noch nicht zerbrochen wurde. Wohl werden wir auch durch Predigt, Gebet und Bibellese auferbaut; aber wir wollen nicht vergessen, daß die Erziehung des Heiligen Geistes das größte Auferbauungs-Mittel ist.

Somit bringt uns der Gehorsam Gottes Willen gegenüber reichen Segen. Wenn wir statt dessen mit Gott streiten und unseren eigenen Neigungen folgen, kommen wir vom Weg ab. Wenn wir einmal erkannt haben, daß alles, was Gott schickt, uns zum höchsten Gewinn gereicht, gerade auch die unangenehmen Dinge, und wir diese willig als Erziehungsmaßnahme aus Seiner Hand annehmen, dann werden wir sehen, daß sich der Heilige Geist alle Dinge dienstbar macht, um uns umzugestalten.

Verschiedene Behandlungs-Arten

Woran ihr auch immer gebunden seid: Gott wird eins ums andere in Seine Behandlung einbeziehen. Auch Nebensächlichkeiten wie Kleidung, Essen oder Trinken werden der exakten Hand des Heiligen Geistes nicht entrinnen. Er wird nicht ein einziges Gebiet eures Lebens auslassen. Ihr mögt euch auch des Hanges zu einer gewissen Sache gar nicht bewußt sein, aber Er weiß es und wird auch da gründlich durchgreifen.

Dinge, die wir längst vergessen haben, bringt uns der Herr wieder in Erinnerung. Gottes Werke sind vollkommen, darum kann Ihn auch nichts Geringeres als Vollkommenheit zufriedenstellen. Manchmal will Er in euch durch andere etwas erreichen und fügt es so, daß ihr mit jemandem zusammen sein müßt, über den ihr zornig oder eifersüchtig seid oder den ihr verachtet, sehr oft aber auch durch solche, die ihr liebt. Vorher wußtet ihr nicht, wie unrein ihr gewesen und aus wie vielerlei zusammengesetzt, hernach aber erkennt ihr, wieviel «Plunder» in euch ist. Ihr habt angenommen, völlig auf des Herrn Seite zu sein; sobald aber der Heilige Geist Seine Erziehungsarbeit beginnt, erkennen wir mehr und mehr, wie sehr äußere Dinge auf uns einzuwirken vermögen.

Alsdann wird sich Gott mit unserem Gedankenleben befassen. Wir entdecken, wie verwirrt, ichbezogen und unkontrolliert unsere Gedanken sind. Wir gaben vor, weiser zu sein als andere. Nun aber geschieht es, daß uns Gott in eine Wand rennen und Luftstreiche ausführen läßt, um uns durch all dies zu zeigen, daß wir unsere Gedanken nicht ungezügelt gebrauchen dürfen. Einmal erleuchtet in diesen Dingen, fürchten wir unsere eigenen Gedanken wie das Feuer. So wie sich die Hand sofort von einer Flamme zurückzieht, so sollten wir uns augenblicklich zurückziehen, wenn wir auf unsere unkontrollierten Gedanken stoßen. Wir sollten uns selbst mahnen: «So sollte ich nicht denken; ich scheue mich, meinen eigenen Gedankengängen zu folgen!»

Ferner wird Gott unsere Verhältnisse so ordnen, daß auch unsere Gefühle auf ihren rechten Platz verwiesen werden. Es gibt Leute, die äußerst gefühlsmäßig reagieren. In gehobener Stimmung können sie sich nicht mehr zügeln; sind sie aber niedergeschlagen, so sind sie nicht zu trösten. Ihr ganzes Leben dreht sich um ihre

Gefühle und Stimmungen, in denen sie sich beinahe auflösen oder in Niedergeschlagenheit in Untätigkeit verfallen. Wie schafft Gott hier Ordnung? Er bringt sie in Situationen, in denen sie in gehobener Stimmung nicht überglücklich und in gedrückter Stimmung nicht zu betrübt sein können. Nun können sie sich nur noch auf Gottes Barmherzigkeit stützen und leben kraft Seiner Gnade und nicht mehr ihren wandelbaren Gefühlen.

Obwohl Schwierigkeiten, die uns durch unsere Gedanken und Gefühle erwachsen, etwas ganz Alltägliches sind, so entstehen uns doch die größten und weit überwiegenden Schwierigkeiten durch unseren Willen. Unsere Gefühle geraten nur deshalb durcheinander, weil unser Wille noch nicht untergeordnet ist. Das Grundübel liegt in unserem Willen. Ebenso verhält es sich mit unseren Gedanken. Wir mögen wohl sagen: «Nicht mein, sondern Dein Wille geschehe», aber lassen wir auch wirklich den Herrn walten, wenn sich etwas ereignet? Je weniger wir uns selbst kennen, umso leichter gehen uns solche Worte über die Lippen. Je weniger wir erleuchtet sind, umso leichter scheint es uns, Gott untertan zu sein. Wer billige Worte macht, verrät damit, daß er den Preis noch nicht bezahlt hat.

Nur wenn Gott uns Licht schenkt, merken wir, wie hart wir in Wirklichkeit sind und wie gerne wir unsere eigene Ansicht haben. Gott muß uns hart anfassen, wenn unser Wille zerbrochen und gefügig werden soll. Eigenwillige Leute sind überzeugt, daß ihre Ansichten, Methoden und Urteile richtig sind. Beachtet, wie Paulus diese Gnade erlangte, so daß er schreiben konnte: «... und nicht auf Fleisch vertrauen» (Phil. 3,3).

Auch uns muß Gott dazu bringen, daß wir es nicht mehr wagen, uns auf unser eigenes Urteil zu verlassen. Gott wird es zulassen, daß wir Fehler auf Fehler machen, bis wir erkennen, daß dies auch unser Vorbild für die Zukunft ist. Dazu bedürfen wir wahrhaftig der Gnade des Herrn. Oftmals läßt er uns die ernsten Folgen unserer eigenen Urteile auskosten.

Am Ende seid ihr von eurem Versagen so getroffen, daß ihr sagt: «Ich fürchte mein eigenes Urteil, wie ich das Feuer der Hölle fürchte. Herr, ich mache doch nur einen Fehler nach dem anderen. Wenn Du mir nicht Gnade schenkst, wenn nicht Du mich trägst, wenn Deine Hand mich nicht zurückhält, dann irre ich immer wieder.» Der Zerbruch des äußeren Menschen fängt damit an, daß ihr es nicht mehr wagt, euch auf euch selbst zu verlassen! Bevor ihr geheilt wurdet und ihr viele Fehlschläge erlitten habt, waren eure Meinungen immer sehr schnell gebildet. Die Zucht des Heiligen Geistes läßt uns sagen: «Gott, ich wage es nicht, mir eine eigene Meinung zu bilden und selbst Entscheidungen zu treffen. Dein Wille soll für mich entscheidend sein!»

Denkt nicht, daß diese Schule jemals nachlassen wird. Die Wortverkündigung mag oft fehlen oder ein anderes Gnadenmittel mangeln, die Erziehung des Heiligen Geistes, dies außergewöhnliche Gnadenmittel, wird trotzdem immer da sein. Ihr sagt vielleicht, daß ihr keine Gelegenheit habt, das Wort zu hören und zu empfangen, aber von der Erziehung des Heiligen Geistes werdet ihr das nie sagen können. Er schafft uns täglich reichlich Gelegenheit zum Lernen.

Weder die Wortverkündigung, noch die Gnade des Gebetes, noch die Gemeinschaft der Gläubigen vermag die Erziehung des Heiligen Geistes zu ersetzen. Dies darum, weil wir nicht nur auferbaut werden müssen, sondern auch zerbrochen und erlöst von all den vielen Dingen unseres Lebens, die wir nicht in die Ewigkeit hinübernehmen können.

Das Kreuz in seiner Wirksamkeit

Das Kreuz ist mehr als eine Theorie; es muß praktisch verwirklicht werden. Denkt nicht, daß der Weg zur Demut darin besteht, daß wir uns ständig daran erinnern, daß wir nicht stolz sein sollen. Es muß uns immer und immer wieder schwer treffen, wo nötig zwanzig Mal, bis wir uns ergeben und unser Stolz dahin ist. Laßt uns nie annehmen, dies geschehe lediglich, indem wir der Lehre des einen oder anderen Bruders folgen. Nein, sondern deshalb, weil Gottes Wege unseren Stolz zerbrochen haben.

Durch die Wirksamkeit des Kreuzes lernen wir, uns nicht mehr auf unser Gedächtnis zu verlassen, sondern auf Gottes Gnade. Ob es uns gerade gegenwärtig ist oder nicht, Tatsache bleibt, daß Er ein Werk vollendet, das zuverlässig und bleibend ist. Vorher waren der äußere und der innere Mensch außerstande, sich zu verbünden; nun aber wartet der äußere Mensch demütig, in Furcht und Zittern vor Gott.

Jeder von uns bedarf der Erziehung durch den Herrn. Wenn wir auf unser Leben zurückblicken, so können wir nicht anders, wir müssen Gottes Hand erkennen, die der Unabhängigkeit, dem Stolz und der Selbstsucht unseres äußeren Menschen zu Leibe rückt. Wir entdecken den Sinn all dessen, was uns bisher begegnet ist.

Kapitel 7

Trennung und Offenbarung

Gott wünscht den äußeren Menschen nicht nur zu zerbrechen, sondern auch abzusondern, so daß er sich nicht länger in die Tätigkeit des inneren Menschen verstrickt. Oder sagen wir es einfacher: Gott will Geist und Seele trennen.

Ein vermengter Geist

Wie selten trifft man doch in unseren Tagen einen reinen Geist an. Wenn unser Geist hervorbricht, macht sich gewöhnlich auch die Seele bemerkbar, da beide miteinander vermengt sind. Erste Bedingung im Reich Gottes ist nicht ein mächtiger Geist, sondern ein reiner Geist. Wer dies mißachtet, wird schließlich sein Werk doch zerstört finden; er mag es wohl mit Macht getan haben, aber es fehlte ihm die Reinheit. Obschon er wirklich im Besitz der Kraft Gottes ist, so wird er dennoch, weil sein Geist vermengt ist, wieder zerstören, was er gebaut hat. Wir wollen zu verstehen suchen, wie es dazu kommt.

Vielleicht denken einige, solange sie von Gott Kraft erhalten, seien auch ihre natürlichen Fähigkeiten im Besitz Gottes. Dem ist jedoch nicht so. Je besser wir Gott kennen, desto besser kennen wir einen reinen Geist und schätzen ihn – eine Reinheit, die keine Vermengung des inneren und äußeren Menschen erlaubt.

Wo der äußere Mensch nicht auf den einzigen, ihm zustehenden Platz verwiesen wurde, kann einer nicht erwarten, daß die von ihm fließende Kraft rein sei. Geistliche Kraft, die, wenn sie sich äußert, mit dem eigenen Ich vermengt ist, wird vor Gott zur Sünde, wie gut auch die Resultate scheinen mögen.

Wie oft ist unser Arbeitseifer mit unserem eigenen Vergnügen vermengt. Wir tun Gottes Willen, weil er sich zufällig mit dem unseren deckt. Scheinbar entschlossen für Gott dastehend, bringen wir doch nur unsere eigene, starke Persönlichkeit zum Ausdruck.

Da diese Unreinheit unser großes Problem ist, muß Gott an uns wirken, bis dieser äußere Mensch zerbrochen und wir von unserer

Unreinheit rein geworden sind. Während Gott unsere harte Schale zerbricht, vollzieht er auch das Werk der Reinigung. Wir sehen darin Sein zweifaches Wirken: den Zerbruch des äußeren Menschen und dessen Trennung vom inneren Menschen. Zerbruch geschieht durch die Züchtigung des Heiligen Geistes, Trennung durch die Offenbarung des Geistes.

Die Notwendigkeit des Zerbruchs und der Trennung

Der äußere Mensch muß zerbrochen werden, damit der Geist frei wird. Wenn dann aber der Geist hervorbricht, darf er nicht durch den äußeren Menschen verdunkelt werden. Das führt uns über das Problem der Befreiung des Geistes hinaus; es berührt die Sauberkeit oder Reinheit des Geistes.

Wer nicht erleuchtet ist, was das Wesen des äußeren Menschen betrifft, dessen äußerer Mensch wird sich automatisch zusammen mit seinem Geist äußern. Während er vor Gott am Wort dient, erkennen wir, daß auch er selbst sich äußert. Er mag uns Gott nahe bringen, aber er enthüllt auch sein eigenes, ungerichtetes Ich. Ist es nicht merkwürdig, daß unser hervorstechendstes Merkmal, unsere ausgeprägteste Eigenschaft, anderen immer auffällt? Unser noch nicht gerichteter äußerer Mensch will sich anderen immer von seiner stärksten Seite zeigen. Wir können das nicht verbergen. Wie sollt ihr auf der Kanzel geistlich erscheinen, wenn ihr es nicht einmal in euren vier Wänden seid? Könnt ihr euch vielleicht in Gedanken in die geistliche Natur versetzen? Wie sehr ihr es auch zu verhindern sucht, so verratet ihr euch doch, sobald ihr nur den Mund öffnet.

Wenn ihr wirklich befreit zu werden wünscht, dann muß sich Gott nicht nur oberflächlich, sondern von Grund auf mit eurer stärksten Seite befassen. Erst nachdem Er euch in diesem Punkt zerbrochen hat, bekommt euer Geist freien Lauf, ohne den anderen zugleich auch Eigenes zu vermitteln.

Unreinheit ist das größte Problem im Leben der Diener Gottes. Oft entdecken wir in unserem Bruder gleichzeitig beides, Leben und Tod. Wir begegnen Gott, aber auch seinem Ich; einem demütigen Geist, aber auch Halsstarrigkeit; dem Heiligen Geist, aber auch dem Fleisch, alles im gleichen Menschen. Wenn er aufsteht und zu sprechen beginnt, erhalten die Zuhörer den Eindruck eines unreinen, vermengten Geistes.

Damit euch aber Gott in der Wortverkündigung als Sein Mundstück brauchen kann, müßt ihr Seine Gunst suchen und erbeten: «O Gott, wirke Du in mir, brich und sondere meinen äußeren Menschen ab.» Ohne dies leidet der Name des Herrn Schaden. Während ihr am Wort dient, gebt ihr euer Eigenes weiter. Der Name des Herrn leidet nicht darum, daß ihr zu wenig Leben hättet, sondern wegen der Verunreinigung eurer Worte. Aus dem gleichen Grunde leidet auch die Gemeinde.

Wir haben nun das Erziehungswerk des Heiligen Geistes betrachtet. Wo aber hat das Offenbarungswirken des Heiligen Geistes seinen Platz? Die Erziehung des Geistes mag der Offenbarung vorausgehen, kann ihr aber ebensogut folgen. Es gibt hier keine starre Regel; bei den einen beginnt Er mit Erziehung, bei anderen mit Offenbarung. Wie dem auch sei, eines ist sicher: Die Erziehung des Heiligen Geistes nimmt den größeren Raum ein als die Offenbarung. Damit stützen wir uns natürlich nicht auf eine Lehrmeinung, sondern auf die Erfahrung von Gotteskindern. Den meisten scheint es, daß die Erziehung eine viel größere Rolle spiele als die Offenbarung.

Wie das lebendige Wort trennt

«Denn das Wort Gottes ist lebendig und wirksam und schärfer als jedes zweischneidige Schwert, und es dringt durch, bis es scheidet Seele und Geist, auch Mark und Bein, und ist ein Richter der Gedanken und Gesinnungen des Herzens; und keine Kreatur ist vor ihm unsichtbar, es ist aber alles bloß und aufgedeckt vor den Augen dessen, welchem wir Rechenschaft zu geben haben» (Hebr. 4, 12 + 13).

Beachten wir zuerst, daß das Wort lebendig ist. Wenn wir es nicht lebendig finden, so einfach deshalb, weil wir es nicht recht erkannt haben. Wenn wir in der Bibel lasen und nichts vom Leben verspürten, dann haben wir Gottes Wort nicht erkannt.

Joh. 3,16 sagt: «Denn also hat Gott die Welt geliebt, daß er seinen eingeborenen Sohn gab, auf daß alle, die an ihn glauben, nicht verloren gehen, sondern ewiges Leben haben.» Wenn einer, nachdem er diese Worte gehört hat, niederkniet und betet: «Herr, ich danke Dir und preise Dich, daß Du mich geliebt und erlöst hast», so erkennen wir augenblicklich, daß dieser Mensch Gottes Wort begegnet ist, denn das Wort ist ihm lebendig geworden. Ein anderer, der ihm zur Seite sitzt, hört die genau gleichen Worte, ohne jedoch Gottes Wort wirklich wahrzunehmen. Von ihm vernehmen wir kein lebendiges Echo. Das läßt nur den einen Schluß zu: Da Gottes Wort lebendig ist, hat der, der zuhört, ohne Leben zu empfangen, das Wort Gottes gar nicht wahrgenommen.

Das Wort Gottes ist aber nicht nur lebendig, es ist auch wirksam. «Lebendig» bezeichnet sein Wesen, während «wirksam» sich auf seine Fähigkeit bezieht, das Werk am Menschen durchzuführen. Gottes Wort kehrt nicht leer zurück, es wird den Sieg davontragen und sein Ziel erreichen. Es sind nicht nur Worte, sondern Worte, die so wirken, daß sie Resultate zeigen.

Was wirkt Gottes Wort in uns? Es dringt durch und scheidet. Es ist schärfer als jedes zweischneidige Schwert. Seine Schärfe ist daran zu erkennen, daß es «durchdringt bis es scheidet Seele und Geist, auch Mark und Bein». Beachten wir hier die Ähnlichkeit: das zweischneidige Schwert wider Mark und Bein, das Wort Gottes wider Seele und Geist.

Mark und Bein sind tief im menschlichen Körper eingebettet. Um die Mark und Bein (Gelenke) zu trennen, muß man zwischen den Knochen hindurchschneiden; um das Mark auszuscheiden, müssen die Knochen zerspalten werden. So vermag das zweischneidige Schwert in unserem geheimnisvollen Leib zu wirken.

Nur zwei Dinge sind noch schwerer zu scheiden als Mark und Bein: Seele und Geist. Kein noch so scharfes Schwert vermag sie zu scheiden. Ebenso sind auch wir unfähig, zwischen Seele und Geist zu unterscheiden. Die Schrift aber sagt uns, daß das lebendige Wort dies vermag, da es schärfer ist als jedes zweischneidige Schwert. Gottes Wort ist lebendig und wirksam und vermag durchzudringen und zu scheiden. Seele und Geist eines Menschen werden so durchdrungen und geschieden.

Vielleicht mag nun jemand einwenden: «Es macht nicht den Anschein, daß Gottes Wort in mir etwas Besonderes bewirkt hat. Ich habe Gottes Wort oft gehört und auch Offenbarungen empfangen, aber was durchdringen ist, verstehe ich nicht, und ebensowenig verstehe ich, was scheiden bedeutet. Ich kann nur soviel sagen, daß mir beide Prozesse fremd sind.»

Was hat uns die Bibel dazu zu sagen? Sie spricht vom «Durchdringen zur Scheidung von Seele und Geist, sowie der Gelenke und des Markes», fährt aber außerdem weiter: «und ist ein Richter der Gedanken und Gesinnungen des Herzens.» «Gedanken» bezieht sich auf das, was wir in unserem Herzen überlegen. «Gesinnung» hingegen deutet auf unsere Beweggründe. Das Wort Gottes vermag also beides zu beurteilen: was wir denken und was uns so zu denken veranlaßt.

Oft können wir leicht feststellen, was vom äußeren Menschen kommt, und wir bekennen bereitwillig: «Das war seelisch, es kam aus mir selbst.» Was aber unsere Seele oder unser Ich ist, vermögen wir nicht wirklich zu «erkennen». Wenn uns aber eines Tages Gottes Gnade zuteil wird und Sein Licht auf uns fällt, dann sagt uns Seine Stimme mit aller Strenge und allem Ernst: «Was du oftmals als Eigenes bezeichnet hast, *ist* dein Ich!» Du hast das Fleisch leicht und oberflächlich erwähnt. Du mußt aber erkennen, wie sehr es von Gott verabscheut wird.

Bevor wir so «erkannten», konnten wir scherzweise vom Fleisch sprechen; sobald aber Gottes Licht auf uns fällt, werden wir bekennen: «Ah, das ist es! Darüber habe ich also jeweils gesprochen.» Das ist mehr als nur vernunftmäßiges Scheiden. Es ist Gottes Wort, das auf uns kommt und uns zeigt, was wir im Herzen denken und vorhaben. Wir empfangen eine zweifache Erleuchtung, nämlich, daß unsere Gedanken dem Fleisch entspringen und daß unsere Absichten lediglich selbstsüchtig sind.

Wir wollen zur Illustration zwei unbekehrte Menschen betrachten. Der eine ist sich bewußt, daß er ein Sünder ist. Er besuchte oft christliche Versammlungen und bekam viel über die Sünde zu hören. Klare Wortverkündigung brachte ihn dazu, sich als Sünder zu erkennen. Wenn er aber davon spricht, erwähnt er dies lachend, als ob da weiter nichts dabei wäre.

Ein anderer hört die gleichen Botschaften und wird vom Lichte Gottes getroffen. Der Heilige Geist überführt ihn so, daß er sich zu Boden wirft und betet: «O Gott, so bin ich – ein elender Sünder!» Er hat vom Wort Gottes nicht nur vernommen, daß er ein Sünder ist, er hat auch seinen wahren Zustand «erkannt». Er bekennt sich schuldig. Er ist zu Boden geschlagen. So erleuchtet, bekennt er seine Sünden und erfährt vom Herrn Vergebung. Er wird sicher nicht mehr leichthin oder scherzend von seinen Sünden sprechen, da er sie in Wahrheit «erkannt» hat. Jener aber, der sich scherzweise als Sünder bezeichnet, hat noch nicht «erkannt», daß er wirklich ein elender Sünder ist – und ist daher auch noch nicht erlöst.

Wie reagieren wir auf diese Botschaft, daß der äußere Mensch zerbrochen werden muß, weil er so sehr Gott im Wege steht? Wer noch unbekümmert darüber redet, der hat seinen wahren Zustand noch nicht erkannt. Wem aber Erleuchtung zuteil geworden ist, wird sagen: «O Herr, jetzt fange ich an, mich zu erkennen. Bisher wußte ich nichts von meinem äußeren Menschen.» Und während Gottes Licht dich umgibt und den äußeren Menschen aufdeckt, fällst du zu Boden, da du augenblicklich erkannt hast, wer du wirklich bist.

Wer einmal sagte, er liebe den Herrn, sieht nunmehr im Lichte Gottes, daß dem gar nicht so ist, daß er in Wirklichkeit sich selbst liebt. Dieses Licht bringt eine wirkliche Scheidung mit sich, sondert uns innerlich ab. Nicht durch unseren Verstand geschieht das oder durch bloße Lehre, sondern durch das Licht Gottes.

Früher glaubtet ihr für den Herrn zu eifern; nun aber erkennt ihr im Lichte Gottes, daß euer Eifer einzig dem eigenen Fleisch und Blut entsprang. Ihr glaubtet, die Frohe Botschaft aus Liebe zu den Sündern zu verkündigen; nun aber entdeckt ihr im Lichte Gottes, daß euer Predigen hauptsächlich eurer Liebe zur Geschäftigkeit, Freude am Sprechen und der natürlichen Neigung entspringt.

Je tiefer das göttliche Licht dringt, desto klarer offenbart es die Gedanken und Absichten unseres Herzens. Wenn ihr früher dafür hieltet, eure Gedanken und Beweggründe vom Herrn zu haben, so erkennt ihr in diesem durchdringenden Licht, daß sie ohne Ausnahme ihren Ursprung in euch selbst haben. Dieses Licht aber bringt euch dazu, euch vor Gott niederzuwerfen.

Allzuoft erweist sich als unser Eigenprodukt, was wir vom Herrn zu haben glauben. Obschon wir verkündigten, die Botschaft vom Herrn empfangen zu haben, nötigt uns nun das göttliche Licht zu bekennen, daß der Herr nicht zu uns gesprochen hatte, oder wenn Er gesprochen hatte, wie wenig es war. Wie vieles, was Werk des Herrn genannt wird, erweist sich nunmehr als fleischliche Geschäftigkeit. Diese Enthüllung der wahren Natur der Dinge läßt uns in Wahrheit erkennen, was *von uns* und was *vom Herrn* ist, wieviel aus *der Seele* und wieviel aus *dem Geist* kommt. Wie wunderbar, wenn wir sagen können: «Sein Licht ist uns geworden; unser Geist und unsere Seele sind geschieden, und die Gedanken und Absichten unseres Herzens sind gerichtet.»

Ihr, die ihr dies erfahren habt, wißt, daß dies weit mehr ist als bloße Lehre. Alles Mühen, um herauszufinden, was von uns und was vom Herrn ist, alle Anstrengung, um die Dinge des äußeren Menschen von denen des inneren Menschen zu scheiden (selbst ihre schriftliche Aufzeichnung, um sich ihrer wieder zu erinnern), hat sich als große, unnütze Anstrengung erwiesen. Ihr benehmt euch weiterhin genauso wie zuvor, denn auf diese Weise wird man den äußeren Menschen nicht los. Ihr könnt wohl euer Fleisch untauglich erklären und stolz sein, daß ihr erkennt, daß dies und jenes vom Fleisch ist – von ihm erlöst seid ihr damit aber nicht.

Erlösung kommt durch das Licht Gottes. Wenn dieses Licht scheint, so erkennt ihr augenblicklich, wie oberflächlich und fleischlich eure Verleugnung des Fleisches war, und wie natürlich, menschlich ihr euch selbst beurteilt habt. Jetzt aber hat der Herr euch die Gedanken und Absichten eures Herzens aufgedeckt, und zwar so, daß ihr vor ihm niederfällt und sagt: «O Herr, nun erkenne ich, daß diese Dinge in Wirklichkeit meinem äußeren Menschen entstammen. Einzig Dein Licht vermag meinen äußeren Menschen wirklich vom inneren zu scheiden.»

So hilft uns also weder unsere Verleugnung des äußeren Menschen noch unsere Entschlossenheit, ihn zu verschmähen. Ja selbst das Bekennen unserer Sünde ist umsonst, und auch unsere Reuetränen bedürfen noch, im Blut Jesu gewaschen zu werden. Wie töricht, sich vorzustellen, daß wir unsere Sünden selbst aufdecken könnten! Nur in Seinem Licht vermögen wir zu «erkennen» und sind wir aufgedeckt. Sein Werk muß es sein, durch Seinen Geist, nicht durch die Anstrengung unserer Seele, wie z.B. den Mühen unseres Verstandes. Gott kennt nur diese wirksame Möglichkeit. Darum sagt Gott: «Mein Wort ist lebendig und wirksam. Mein Schwert ist das schärfste, das es gibt. Wenn mein Wort den Menschen trifft, vermag es Seele und Geist genauso zu scheiden, wie ein zweischneidiges Schwert Gelenke und Mark zu scheiden vermag.»

Und wie scheidet dieses Wort? Indem es uns die Gedanken und Beweggründe unseres Herzens offenbart. Wir kennen unser Herz nicht. Geliebte, nur wer im Lichte lebt, erkennt sein eigenes Herz. Das kann sonst keiner, nicht ein einziger! Wenn aber Gottes Wort hereinbricht, dann «erkennen» wir. Dann sind wir als egoistisch aufgedeckt, als solche, die nur Befriedigung, Ruhm, Vorrang und Ansehen für sich selbst suchen. Wie segensreich ist dieses Licht, das uns dem Herrn zu Füßen fallen läßt!

Was ist eine Offenbarung?

«*...Und keine Kreatur ist vor ihm unsichtbar, es ist aber alles bloß und aufgedeckt vor den Augen dessen, welchem wir Rechenschaft zu geben haben» (Hebr. 4,13).*

Hier gibt uns der Herr die Regel oder den Maßstab für die Scheidung. Worin besteht eine Offenbarung des Heiligen Geistes? *Durch Offenbarung sind wir imstande zu sehen, was Gott sieht.* Alles liegt nackt und bloß vor Ihm. Was irgend verdeckt sein mag, ist nur vor unseren Augen verdeckt, nicht aber vor Gott. Wenn Gott uns die Augen öffnet, erkennen wir die Gesinnung unseres Herzens und unsere innersten Gedanken im gleichen Maß wie Er sie kennt – das ist Offenbarung. So, wie wir vor Ihm nackt und aufgedeckt sind, sehen auch wir uns, wenn uns Offenbarung zuteil wird. Sehen, wie der Herr sieht, das ist Offenbarung!

Wenn wir uns sehen dürfen, wie Gott uns sieht, dann schmilzt unser Stolz dahin. Nur wer in Finsternis wandelt, kann stolz sein. Außerhalb des Lichtes Gottes können die Menschen unverschämt und hochmütig sein, unter dem Licht der Offenbarung können sie nicht anders, als sich vor Ihm niederwerfen.

Wenn wir fortfahren, wird es immer offensichtlicher, wie schwierig es ist, die Scheidung des Natürlichen vom Geistlichen, des Äußeren vom Inneren zu erklären. Nur Offenbarung vermag dies Problem zu lösen. Wenn wir die Gedanken und Absichten unseres Herzen zu erkennen vermögen, dann können wir sicher sein, daß Seele und Geist geschieden werden.

Wenn ihr den Wunsch habt, von Gott gebraucht zu werden, werdet ihr früher oder später dieses Licht Gottes herbeisehnen und sagen: «O Gott, ich bin absolut unzuverlässig. Ich weiß nicht, wen ich anklage, noch welche Sünde ich bekenne. Einzig Dein Licht läßt es mich erkennen.» Bevor ihr erleuchtet seid, könnt ihr wohl sagen, daß ihr Sünder seid, aber es fehlt euch die Reue eines Sünders; ihr glaubt euer Ich zu hassen, empfindet aber keine wahre Selbstverabscheuung; ihr meint euch selbst zu verleugnen, aber da ist nichts von Verleugnung zu fühlen. Sobald das Licht hereinbricht, wird die oberflächliche Rinde weggezogen und das «Wahre» oder «Ursprüngliche» wird offenbar.

Welch eine Enthüllung zu sehen, daß ich nur mich selbst liebe, daß ich mich täuschen lasse und den Herrn betrüge! Im göttlichen Licht erkennen wir, was und wer wir sind und was wir getan haben. Ohne diese Einsicht durch das Licht sind wir nicht einmal zu einer Nachahmung fähig, nun aber, da das Licht Gottes uns richtet, werden Geist und Seele geschieden; dies nachahmen zu wollen, ist ein Ding der Unmöglichkeit. Der Herr will mit seinem Licht bis zu unserem inneren Menschen durchdringen. Das kann geschehen, ob wir einer Predigt zuhören oder ob wir alleine beten; in Gemeinschaft mit anderen oder wenn wir alleine einen Weg gehen. Dies unvergleichliche Licht zeigt uns, wieviel zu unserem eigenen Wesen gehört. Es offenbart uns, daß fast nichts vor sich geht, was wirklich vom Herrn kommt. Im Gespräch, in Geschäftigkeiten, im Arbeiten, im Eifer, im Predigen, in der Hilfe für andere – in allen Lebensbereichen ist alles von unserem eigenen Ich durchdrungen. Sobald aber unser verborgenes Ich ans Licht gebracht wird, erklären wir unseren äußeren Menschen von selbst als untauglich. Wo immer er bei späteren Gelegenheiten zum Ausdruck kommt, bedauern wir das augenblicklich und verurteilen ihn. Aber einzig eine solche Erleuchtung befähigt uns, Geist und Seele zu scheiden. Fortan wollen wir dem Herrn leben mit unserem frei gewordenen Geist, der nun rein ist und dem Herrn keine Schwierigkeiten mehr bereitet.

Die Scheidung von Geist und Seele ist also von der Erleuchtung abhängig, das heißt also, daß wir so sehen, wie Gott sieht. Da bekennen wir: «Herr, nun fange ich an, mich selbst zu erkennen. Ich war die letzten zwanzig oder dreißig Jahre blind und wußte es nicht. Ich sah nicht, wie Du es gesehen hast.»

Solche Sicht befreit uns von der schweren Last des eigenen Ichs. So sehen zu können, muß Gott an uns erwirken. Sein Wort ist kräftig, denn es erleuchtet uns, damit wir den äußeren Menschen ablegen können. Es ist nicht so, daß man sich, nachdem man Gottes Wort gehört hat, stufenweise ändert; daß Erkennen ein Schritt wäre und Ablegen der nächste. Nein, Erleuchtung ist Erkennen und zugleich Ablegen, beides geschieht gleichzeitig. Sobald uns das Licht trifft, ist unser Fleisch tot. Kein Fleisch vermag in diesem Licht zu leben. Sobald ein Mensch Licht empfängt, wirft er sich nieder. Das Licht hat sein Fleisch ausgetrocknet, entlarvt. Geliebte, das ist Wirksamkeit. Wahrhaftig, das Wort Gottes ist lebendig und kräftig. Gott spricht nicht, um dann zu warten, was ihr daraus macht. Sein Wort ist wirksam in euch.

Möge euch der Herr die Augen öffnen, die Wichtigkeit der Erziehung durch den Heiligen Geist und Seiner Offenbarung zu erkennen. Beide handeln gemeinsam, um sich wirksam mit unserem äußeren Menschen zu befassen. Laßt uns zu Gott aufblicken, daß wir uns durch Seine Gnade unter Sein Licht stellen, um so erleuchtet zu werden, daß wir uns vor Ihm beugen und bekennen: «Herr, wie töricht und blind war ich doch all die Jahre, daß ich von meinem Eigenen fälschlicherweise meinte, es wäre von Dir. Herr, sei mir gnädig!»

Kapitel 8

Welchen Eindruck hinterlassen wir?

Ob wir im Werk des Herrn fruchtbar sind, hängt nicht so sehr davon ab, was wir reden oder tun, sondern vielmehr davon, was von uns ausgeht. Wir werden andere nicht erbauen, wenn das, was wir reden, mit dem, was wir leben, nicht übereinstimmt; wenn unser Leben eine andere Sprache spricht, als was wir zu sein vorgeben. Was von uns ausstrahlt, ist von großer Wichtigkeit.

Wir sagen oft, daß wir von einer Person einen guten oder schlechten Eindruck haben. Wie kommen wir zu diesem Eindruck? Er entsteht nicht nur durch die Worte und Taten der Person. Es ist ein geheimnisvolles Etwas, das sich zum Ausdruck bringt, während die Person spricht oder sich betätigt. Das ist es, was uns den «Eindruck» vermittelt.

Was andere an uns wahrnehmen, ist unser am stärksten ausgeprägter Wesenszug. Wenn unser Verstand noch nie zurückgebunden worden ist und keine Zucht kennt, dann brauchen wir ihn natürlicherweise, um mit anderen in Kontakt zu kommen, und so werden sie von seiner ungestümen Wucht getroffen. Wenn wir für etwas eine übermäßige Vorliebe haben, wenn wir zu warm oder zu kalt sind, dann merken es die anderen an dem Eindruck, den wir auf sie machen.

Was immer unser stärkster Charakterzug ist, er macht sich unweigerlich bemerkbar und beeindruckt unsere Mitmenschen. Wir sind vielleicht in unserem Reden und Tun sehr beherrscht, aber den Eindruck unserer Natur vermögen wir nicht zu verwischen. Es wird unweigerlich offenbar, was wir *sind*.

In 2. Kön. 4 wird berichtet, wie die Sunamitin Elisa aufnahm: *«Und es begab sich eines Tages, daß Elisa nach Sunem ging. Dort wohnte eine vornehme Frau, die nötigte ihn, bei ihr zu essen. Sooft er nun daselbst durchzog, kehrte er dort ein, um zu essen. Und sie sprach zu ihrem Mann: Siehe doch, ich merke, daß dies ein heiliger Mann Gottes ist, der stets bei uns vorbeikommt.»*

Elisa hat weder gepredigt noch ein Wunder gewirkt. Er kam einfach zum Essen, sooft er dort vorbeikam. An der Art und Weise, wie er aß, wie er sich verhielt, erkannte diese Frau in ihm den Mann Gottes. Das war der Eindruck, den Elisa bei anderen hinterließ.

Wir sollten uns daher fragen, welchen Eindruck wir auf andere machen. Wie oft haben wir schon betont, daß der äußere Mensch zerbrochen werden muß. Wenn dieser Zerbruch nicht vollständig ist, stoßen die anderen unweigerlich auf unseren äußeren Menschen. Unsere Eigenliebe, unser Stolz, unsere Unbeugsamkeit oder Klugheit oder unsere Beredsamkeit bereitet ihnen Unbehagen. Vielleicht ist der Eindruck, den wir hinterlassen, auch einmal recht günstig. Aber ob das Gott zufriedenstellt? Vermag dieser Eindruck die Bedürfnisse der Gemeinde zu stillen? Wenn Gott nicht zufrieden und der Gemeinde nicht geholfen ist, dann ist jeder Eindruck, den wir hinterlassen, nichtig und wertlos, ja sogar negativ.

Geliebte, es ist Gottes feste Absicht, daß unser Geist befreit wird. Wie dringend ist es daher, daß der äußere Mensch zerbrochen wird! Ansonsten hinterlassen wir einen ungeistlichen, negativen Eindruck. Angenommen, ein Bruder spricht über den Heiligen Geist. Trotz des Themas sind seine Worte, sein Benehmen und seine Beispiele voll von seinem eigenen Wesen. Ohne vielleicht zu wissen warum, leidet die Zuhörerschaft, während sie ihm zuhört. Sein Mund ist voll von Worten über den Heiligen Geist, und dennoch hinterläßt er bei der Zuhörerschaft bloß seinen eigenen Eindruck. Was ist der geistliche Wert solch eines leeren Vortrags? Er ist wertlos.

Laßt uns daher, statt die Lehre zu betonen, lieber mehr Nachdruck darauf legen, *was von uns ausgeht*. Gott achtet nicht so sehr darauf, daß unsere Lehre vertieft wird, als daß Er *von uns Besitz ergreifen kann*. Wenn unsere Natur nicht gründlich kuriert worden ist, so können wir wohl einen sogenannt geistlichen Vortrag halten, aber das ist keine Mitteilung des Heiligen Geistes. Wie tragisch ist es doch, wenn wir nur den äußeren Menschen zum Ausdruck bringen, statt etwas von dem mitzuteilen, was für den inneren Menschen Leben bedeutet!

Gott sorgt treu für Verhältnisse, die unsere stärkste Charakterseite zerbrechen sollen. Es hat dich vielleicht schon ein- oder zweimal getroffen, aber es ist noch ein dritter Schlag nötig. Gott läßt dich nicht fahren. Seine Hand wird nicht ruhen, bis Er diese hervorstechendste Charaktereigenschaft zerbrechen kann.

Was der Heilige Geist zustande bringt, wenn er uns züchtigt, ist völlig verschieden vom Hören einer Botschaft. Eine Botschaft mag oft während Monaten oder gar Jahren in unserem Sinn bleiben, bis ihre Wahrheit endlich in uns wirksam wird. So liegt das Hören oftmals weit vor der praktischen Verwirklichung im Leben.

Durch die Erziehung des Heiligen Geistes erkennen wir die Wahrheit schneller, und damit besitzen wir sie – wird sie uns zur wirklichen geistlichen Erkenntnis. Wie sonderbar, daß wir uns bloßes Wissen durch eine Botschaft viel schneller aneignen, als die Erziehung durch den Heiligen Geist sie in uns zu verwirklichen vermag! Was wir einmal gehört haben, bleibt uns eher in Erinnerung. Wir können hingegen zehnmal gezüchtigt werden und uns immer noch fragen warum. Dies ist der Tag, an dem die Züchtigung ihr Ziel erreicht hat, wenn ihr die Wahrheit wirklich «erkennt» und in ihr lebt.

Das Werk des Heiligen Geistes besteht also einerseits darin, daß er uns zerbricht, andererseits aber auch darin, daß er uns auferbaut. Daher können wir auch beten: «Dank sei dem Herrn! Nun weiß ich, daß Seine züchtigende Hand während der vergangenen fünf oder zehn Jahre einzig dazu über mir war, um gerade diese starke Charakterseite in mir zu zerbrechen.»

Zerschlagung geschieht erstaunlicherweise auch durch Erleuchtung

Manchmal arbeiten Zucht und Erleuchtung gleichzeitig, manchmal abwechslungsweise. Zuweilen zeigt sich die Züchtigung in Verhältnissen, die dazu dienen sollen, daß unsere hervorstechendsten Eigenheiten eingeebnet werden; ein andermal schenkt uns Gott in Seiner Gnade Sein Licht, um uns zu erleuchten. Wir wissen, daß sich das Fleisch in Finsternis befindet. Viele Werke des Fleisches können nur deshalb existieren, weil wir sie nicht als solche erkennen. Sobald aber durch Gottes Licht das Fleisch offenbar wird, erschrecken wir und wagen uns nicht mehr zu bewegen.

Wir haben dies besonders dann beobachtet, wenn die Gemeinde reich ist an Gottes Wort. Wo die Wortverkündigung kraftvoll, das prophetische Wort mächtig ist, bricht das Licht klar und mächtig herein. In diesem Licht erkennt ihr sogar, daß auch eure Verurteilung des Stolzes noch mit Hochmut vermischt ist. Tatsächlich ist selbst euer Reden gegen euren Stolz noch prahlerisch. Darum, sobald ihr im Lichte seht, was Stolz ist, werdet ihr sicherlich sagen: «O weh! Das also ist Stolz – wie widerlich ist er doch und unrein!» Stolz, wie man ihn im Lichte der Offenbarung sieht, ist völlig verschieden vom Stolz, über den man so leichtzüngig spricht. Erleuchtung bringt den wahren Zustand an den Tag. Augenblicklich wird euch bewußt, daß ihr zehntausendmal schlechter seid, als ihr es euch je zuvor vorgestellt habt. Im Nu vergeht euer Stolz, euer Ich und euer Fleisch – ohne Hoffnung auf ein Überleben.

Was immer im Lichte offenbar wird, wird von ihm zerschlagen. Das ist höchst erstaunlich. Wir werden nicht erleuchtet, um dann im Laufe der Zeit stufenweise in den Tod gebracht zu werden. Wir fallen vielmehr augenblicklich nieder, sobald das Licht hereinbricht. Sobald der Heilige Geist uns aufdeckt, was wir sind, ist es um uns geschehen. So schließt die Offenbarung beides in sich, daß wir sehen und daß wir erschlagen werden. Es ist Gottes wirksame Behandlungsweise. Wenn das Unreine wirklich ans Licht kommt, kann es nicht mehr bestehen. Daher wirkt die Offenbarung beides: sie enthüllt uns und zerbricht uns.

Paulus eilte nicht erst an den Straßenrand, um niederzuknien, als ihn das göttliche Licht traf. Er fiel auf der Stelle zu Boden. Obschon von Natur fähig und voller Selbstvertrauen, reagierte er auf das Licht, das ihn innerlich entblößt hatte, indem er bestürzt niederfiel. So wirksam war das Licht, daß es ihn zu Boden schlug!

Man könnte annehmen, daß uns Gott erst einmal unseren Verstand erleuchtet, um es dann uns zu überlassen, es in die Tat umzusetzen. Das ist nicht Gottes Art. Er zeigt uns immer, wie abscheulich und verdorben wir sind, so daß wir augenblicklich antworten: «O weh! So ein Wrack bin ich – so unrein und so jämmerlich!» Wenn ein stolzer Mensch einmal wirklich erleuchtet wird, wagt er nicht einmal mehr einen Versuch, stolz zu sein. Die Wirkung dieser Erleuchtung hinterläßt in ihm eine unauslöschliche Spur.

Andererseits ist diese Zeit der Erleuchtung auch die Zeit, um zu glauben, nicht um zu bitten. Gott folgt dem gleichen Grundsatz, wie damals, als er uns errettet hat; denn als dir die Strahlen Seines Evangeliums leuchteten, hast du nicht nur gebetet: «Herr, ich bitte Dich, sei Du mein Erlöser.» Du hast auch gebetet: «Herr, ich nehme Dich als meinen Heiland an.» Damit ist die Errettung augenblicklich Tatsache geworden! Genauso sollten wir später, wenn Gott wirkt und Sein Licht auf uns fallen läßt, augenblicklich niederfallen und sagen: «Herr, ich nehme Dein Urteil an. Ich gehe mit Deinem Richterspruch einig.» Das macht uns auch bereit, noch mehr Licht zu empfangen.

In dieser Stunde der Enthüllung verlieren selbst großmütige Taten, die wir in Seinem Namen und aus Liebe zu Ihm vollbrachten, irgendwie ihren Glanz. Selbst in der besten Absicht entdeckt man erbärmliche Neigungen und Motive. Was wir völlig für Gott zu tun glaubten, erscheint nunmehr von unserem eigenen Ich durchlöchert. Ach! Das Eigene scheint jeden Rest unseres Wesens zu durchdringen und Gott die Ehre zu rauben.

Wie dürfen wir nach dieser Erleuchtung je wieder stolz unser Haupt erheben? Die Nachsicht uns selbst gegenüber gehört dann der Vergangenheit an. Obschon wir dafür hielten, besser zu sein als andere, wissen wir nun, was wir in Wirklichkeit sind und schämen uns unser selbst. Wir suchen vergeblich nach einem passenden Wort, das unsere Unreinheit und Verächtlichkeit wiederzugeben vermöchte. Unsere Schande lastet auf uns, als ob die Schande der ganzen Welt auf uns gekommen wäre. Wir fallen wie Hiob vor dem Herrn nieder und bekennen reuevoll: «Herr, ich verabscheue mich und tue Buße in Staub und Asche. Für mich gibt es wohl keine Heilung mehr.»

Solche Erleuchtung, solche Demütigung, solche Buße erlöst uns aus jahrelanger Knechtschaft. Wenn der Herr erleuchtet, dann erlöst er auch. Erleuchtung ist Erlösung, und wer so sieht, wie Gott sieht, wird frei. Nur so wird die Herrschaft des Fleisches gebrochen, nur so wird unsere äußere Schale zerbrochen.

Erziehung verglichen mit Offenbarung

Die Erziehung des Heiligen Geistes ist gewöhnlich ein langsamer Prozeß, der sich möglicherweise über Jahre hinzieht. Zudem geht dieser Prozeß oftmals ohne die Hilfe der Wortverkündigung vor sich. Anders verhält es sich mit der Offenbarung des Heiligen Geistes. Sie bricht oft schnell herein, innert einigen Tagen oder gar Minuten. Im Lichte Gottes erkennen wir unseren wahren Zustand in relativ kurzer Zeit, und wir sehen, daß wir selbst unbrauchbar sind. Sodann wird uns Offenbarung auch oftmals unter der Wortverkündigung zuteil. In einer dynamischen Gemeinde mit reichlicher, geistlicher Wortverkündigung mehren sich daher auch die Offenbarungen des Heiligen Geistes.

Es soll aber keiner meinen, daß aufgrund vom Fehlen reichlicher Wortverkündigung und fortlaufender Offenbarung er frei sei, nach seinem äußeren Menschen zu leben. Es ist wichtig, daran zu denken, daß auch dort die Erziehung des Heiligen Geistes im Gange ist.

Wenn auch jemand jahrelang der Verbindung mit anderen Gläubigen beraubt sein mag, so verbürgt ihm doch die Gegenwart des Heiligen Geistes geistliches Wachstum, solange er für die Erziehung des Heiligen Geistes offen ist.

Wenn auch die Schwachheit der Gemeinde dazu führen kann, daß gewisse Glieder keine Wortverkündigung haben, so müssen sie dennoch die Schuld einzig sich selbst anrechnen, wenn sie die Bedeutung der Erziehung durch den Heiligen Geist nicht verstehen. Wenn sie also nicht vorwärts kommen, so heißt das nicht, daß der Heilige Geist sie nicht hätte erziehen wollen, sondern es heißt, daß die Jahre der Züchtigung ohne Frucht geblieben sind. Obschon der Herr sie immer wieder schlug, so erkannten sie dennoch den Sinn dieser Erziehung nicht. Ohne Verständnis, wie ein widerspenstiges Pferd oder Maultier, scheinen sie selbst nach zehnjährigem Bemühen Gottes nicht zu erfassen, was die Absicht des Herrn ist. In welch erbärmlichem Zustand leben solche Menschen! Wir können daraus nur den einen Schluß ziehen: Züchtigung geschieht bei vielen Leuten im Übermaß, doch nur wenige vermögen darin die Hand des Herrn zu erkennen.

Gottes Eingreifen und Erziehung sollen wir nicht auf die Umgebung, auf Menschen, auf Zufälle schieben, sondern wir sollen uns die Einstellung des Psalmisten zu eigen machen: «Ich bin verstummt, will meinen Mund nicht auftun; denn Er hat es gefügt!» (Ps. 39,9) Wir müssen immer bedenken, daß es Gottes Handeln ist und nicht das Handeln unseres Bruders oder sonst eines Menschen.

Hat auch uns der Herr während der letzten Jahre gezüchtigt, und haben auch wir – statt Seine Hand zu erkennen – andere Menschen oder das Schicksal beschuldigt? Laßt uns doch daran denken, daß es Gott ist, der um unseretwillen alles so fügt! Er hat in allem Zeit, Grenzen und Einfluß vorausbestimmt, um unsere so schwer zu behandelnden Eigenheiten zu zerbrechen.

Es ist unser ernstes Gebet, daß die christliche Gemeinde den Herrn erkennen möchte wie nie zuvor, daß Gottes Kinder Frucht bringen, indem sie sich zerbrechen lassen, damit der Geist ungehindert fließen kann. Es ist die Absicht unseres Herrn, uns dahin zu bringen, wo nicht nur unsere Evangeliums-Botschaft und unsere Lehre in Ordnung sind, sondern auch wir selbst – indem sich Gott durch unseren Geist völlig und frei zu äußeren vermag.

Kein Werk ist wichtiger und durchgreifender als dieses Werk des Zerbruchs, und es kann durch nichts sonst ersetzt werden. Geliebte, dessen könnt ihr sicher sein: daß der Herr dem, was von eurem inneren Leben ausgeht, viel mehr Aufmerksamkeit schenkt als dem, was über eure Lippen geht! So möchte ich euch zum Schluß fragen: was geht von euch aus, wenn ihr vor den Leuten steht? Damit wir aber nicht zu schnell sind mit unserer Antwort, laßt uns bedenken, daß diese grundlegende Frage nur «in Seinem Licht» richtig beantwortet werden kann.

Kapitel 9

Demut und Zerbruch

Gottes Methode, um unseren äußeren Menschen zu zerbrechen, ist je nach der entsprechenden Zielscheibe verschieden. Bei den einen ist die Eigenliebe die Zielscheibe, bei anderen der Stolz. Wiederum bei anderen soll Selbstsicherheit und Klugheit zerstört werden; denn sie befinden sich in einer mißlichen Lage, da sie immer wieder zu Fall kommen, bis sie sagen: «Wir leben nicht in fleischlicher Weisheit, sondern in Gottes Gnade.» Wieder andere übersprudeln nur so von Ideen und Meinungen. Obschon die Bibel sagt: «Ist für den Herrn irgend eine Sache zu wunderbar?», gibt es dennoch Brüder, die behaupten, daß ihnen nichts zu schwierig sei! Sie prahlen, alles tun zu können, und versagen seltsamerweise doch bei jedem neuen Unterfangen. Selbst Dinge, die ganz einfach schienen, mißraten in ihren Händen. In Bestürzung fragen sie dann: «Warum das?» Es ist die Art und Weise, wie der Heilige Geist sie angreift, um auch mit ihnen zum Ziele zu gelangen. Diese Beispiele zeigen, wie verschiedenartig die Zielscheibe ist, die der Heilige Geist anvisiert, entsprechend der Person, mit der Er sich befaßt.

Es gibt im Handeln des Heiligen Geistes auch zeitliche Unterschiede. Zu gewissen Zeiten fallen die Schläge pausenlos aufeinander; es kann aber auch ruhigere Perioden geben. Der Herr züchtigt alle, die Er lieb hat. Daher haben Gotteskinder Wunden, die ihnen der Heilige Geist geschlagen hat. Das Leid mag verschiedenartig sein, die Folgen aber sind die gleichen: das eigene Ich ist verwundet.

So greift Gott unsere Eigenliebe an, unseren Stolz, unsere Intelligenz oder Unsachlichkeit, was immer gerade das äußere Ziel ist, das Er verfolgt. Er will uns im Hinblick auf das Ziel immer weiter zerbrechen, damit wir brauchbar werden. Ob Er an unsere Gefühle oder Gedanken rührt, das Endziel ist ein zerbrochener Wille. Wir alle sind von Natur aus eigensinnig. Dieser halsstarrige Wille stützt sich auf unsere Gedanken und Meinungen, auf unsere Eigenliebe, unsere Gefühle oder unsere Intelligenz. Daraus erklärt sich die Verschiedenheit der Wege, deren sich der Heilige Geist bedient, um mit uns fertig zu werden. Es geht Gott letzten Endes um unseren Willen, denn dieser verkörpert unser eigenes Ich.

Alle, die erleuchtet und gezüchtigt worden sind, haben ein gemeinsames Merkmal: sie sind demütig geworden. Demut ist das Zeichen des Zerbruchs. Vorher machten wir uns nichts daraus, wenn wir eigensinnig waren; wir glichen einem Haus, das von vielen Säulein getragen wird. Wenn aber Gott eine Säule um die andere wegnimmt, kommt das Haus zum Einsturz. Wenn die äußeren Stützen niedergerissen sind, bricht das eigene Ich unweigerlich zusammen.

Echte Demut zu erkennen, will aber gelernt sein. Laßt euch nicht durch die Annahme täuschen, daß eine milde Stimme auch auf einen sanften Willen schließen läßt. Oft verbirgt sich ein eiserner Wille hinter der sanftesten Stimme. Halsstarrigkeit ist eine Angelegenheit des Charakters und nicht der Stimme. Leute, die milder zu sein scheinen als andere, sind vor Gott genauso eigensinnig und selbstsüchtig. So braucht es auch für diese nur das strenge Handeln Gottes, bis auch sie es nicht mehr wagen, anmaßend zu handeln. Gott bestimmt scheinbar äußere Vorgänge, um uns im Kern so zu treffen, daß wir in dieser besonderen Sache nie mehr das Haupt erheben werden. Es ist unwiderruflich abgeklärt, daß wir in diesem einen Punkt dem Herrn nicht mehr ungehorsam sein können und nicht mehr wagen, auf unserer Meinung zu bestehen. Die Furcht vor Gottes Hand hält uns davon ab. Gottes Furcht macht uns demütig. Je mehr wir durch Gottes Wege zerbrochen sind, desto demütiger werden wir. Wahre Sanftmut sehen, heißt so viel, wie inneren Zerbruch schauen.

Dazu ein Beispiel: Ihr kommt mit einem gewissen Bruder in Kontakt und werdet gewahr, daß er wirklich begabt ist, findet ihn aber nichtsdestoweniger unzerbrochen. So gibt es viele Begabte, aber Unzerbrochene. Ihre Unzerbrochenheit ist nicht schwer zu entdecken. Sobald ihr ihnen begegnet, nehmt ihr einen gewissen Unterton wahr – ihr Starrsinn ist fühlbar. Ein Zerbrochener hingegen besitzt geistgewirkte Sanftmut. Worin einer von Gott gezüchtigt worden ist, es mag sein, was es will, damit wagt er nicht mehr zu prahlen. Er hat gerade darin Gott fürchten gelernt und ist demütig geworden.

Achtet bitte darauf, daß die Schrift zur Beschreibung des Heiligen Geistes verschiedene Ausdrücke braucht. Er ist wie ein Feuer und ist wie das Wasser. Das Feuer deutet auf Seine Kraft hin, das Wasser auf Seine reinigende Wirkung. Bezüglich Seines Wesens aber wird er mit der Taube verglichen: sanft und mild. So will der Geist Gottes uns Seine Natur Stück um Stück einverleiben, bis auch wir der Taube verglichen werden können. Demut, geboren aus der Furcht Gottes, ist das Zeichen des Heiligen Geistes für den Zerbruch.

Die Eigenschaften der Demut

Wer vom Heiligen Geist zerbrochen ist, ist naturgemäß auch im Besitz der Demut. Die Kontakte mit den Leuten sind nicht länger durch Halsstarrigkeit, Härte und Schärfe gekennzeichnet, welches Merkmale des unzerbrochenen Menschen sind.

Das Benehmen des zerbrochenen Menschen ist nun genauso sanft und mild, wie z.B. seine Stimme. Die Gottesfurcht seines Herzens findet naturgemäß auch Ausdruck in seinen Worten und seinem Verhalten!

Zugänglich

Ein demütiger Mensch ist durch die Eigenschaft der Zugänglichkeit gekennzeichnet. Es ist leicht, mit ihm in Verbindung zu treten, mit ihm zu sprechen und von ihm Auskunft zu erhalten. Er bekennt seine Sünden bereitwillig und bekommt auch in der entsprechenden Situation Tränen. Wie manchen fällt es doch schwer, Tränen zu vergießen. Nicht daß Tränen an sich einen besonderen Wert hätten (es gibt auch sehr, sehr fleischliche Tränen), wer aber mit seinen Gedanken, seinem Willen und seinen Gefühlen durch die Schule Gottes gegangen ist, bei dem deuten Tränen auf seine Bereitschaft, seine Fehler zu sehen und einzugestehen. Es ist leicht, mit ihm zu sprechen, denn seine äußere Schale ist zerbrochen worden. Offen für die Ansicht anderer, begrüßt er Belehrung und kann in diesem neuen Zustand in allen Dingen gefördert werden.

Hohes Empfindungsvermögen

Wer demütig ist, ist auch wachsam seiner Umgebung gegenüber; denn sein Geist vermag leicht hervorzutreten und mit dem Geist in seinen Brüdern in Berührung kommen. Die geringste Bewegung im Geist eines Mitmenschen bleibt von ihm nicht unbeachtet. Beinahe augenblicklich entdeckt er die wahre Bedeutung einer Situation, was an ihr recht oder falsch ist. Wie immer die Umstände beschaffen sein mögen, sein Geist reagiert schnell. Seine Handlungen sind wohlbedacht; er wird auch nicht unbesonnen die Gefühle anderer verletzen.

Allzuoft bestehen wir darauf, irgend etwas zu unternehmen, was andere bereits im Geist verurteilt haben. Unser äußerer Mensch ist nicht zerbrochen. Andere nehmen es wahr, wir selbst aber nicht. Überlegt euch einmal, wie sich dies in Gebetsversammlungen äußert, wenn Brüder und Schwestern unsere Gebete widerlich empfinden. Dennoch leiern wir weiter und weiter. Der Geist der anderen tritt hervor und schreit: «Hör auf zu beten!» Doch wir gewahren dies nicht. Wir haben kein Empfinden für die anderen. Wir haben auch kein Empfinden für die Gefühle und Belastungen der anderen.

Wo der äußere Mensch zerbrochen wurde, ist das anders; denn da hat der Geist ein feines Empfinden gewirkt, und so kommt er von selbst mit dem Geist der anderen in Kontakt und ebenso umgekehrt. Ein solcher Bruder ist den Reaktionen der anderen gegenüber nicht mehr taub.

Wie köstlich ist doch dieses Empfindungsvermögen! Wenn immer wir etwas Falsches tun, merken wir es augenblicklich. Wenn wir auch nicht frei sind von falschem Tun, so besitzen wir nichtsdestoweniger eine Fähigkeit, die uns alsbald einen Stich gibt. Eure Brüder und Schwestern erkennen, daß ihr Unrecht tut, aber bevor sie nur ihren Mund öffnen, wird es euch durch den bloßen Kontakt mit ihnen bewußt. Ihr seid mit ihrem Geist in Berührung gekommen, was euch alsbald erkennen läßt, ob sie euer Tun billigen oder nicht. Es wird offensichtlich, daß Demut, die Frucht des Zerbruchs, eine Grundvoraussetzung ist, ohne die ein genießbares Leben unmöglich ist.

Bereit zu einem gemeinsamen Leben

Nur Zerbrochene erkennen, was der Leib Christi ist! Sie fangen an, den Geist des Leibes wahrzunehmen und werden empfindsam für die Gefühle der anderen Glieder des Leibes. Ohne Demut wären sie schwerlich bereit, an einem gemeinsamen Leben teilzunehmen. Wem dieses Zusammengehörigkeitsgefühl abgeht, der ist wie ein falsches Glied, wie eine künstliche Hand. Diese Hand bewegt sich zwar mit dem Leib, vermag aber nicht mit ihm zu fühlen. Dieser Mensch fühlt sich vielleicht eins mit dem «universellen Leib», doch hat er kein Empfinden für das Leben der örtlichen Gemeinde. Der ganze Leib merkt das, nur er nicht. Er kann auch Belehrung oder Zurechtweisung nicht demütig annehmen.

Der Zerbrochene hingegen kommt mit dem Gewissen der Gemeinde in Berührung und kennt auch ihr Empfinden; denn sein Geist ist offen für den Geist der Gemeinde, irgendwelche Mitteilungen durch ihn zu empfangen.

Der Leib Christi lebt genau gleich wie unser menschlicher Leib. Er braucht keinen Verwaltungsrat anzurufen, um zu einem Entschluß zu kommen. Es sind auch keine langen Diskussionen nötig; alle Glieder haben ein gemeinsames Empfinden, das die Gesinnung des Leibes zum Ausdruck bringt. Und was noch mehr ist: es ist auch Ausdruck der Gesinnung des Hauptes – Jesus Christus. So erkennen wir also die Gesinnung des Hauptes in der Gesinnung des Leibes. Nachdem unser äußerer Mensch zerbrochen ist, beginnen wir in diesem gemeinsamen Bewußtsein, als voneinander abhängige Glieder Seines Leibes zu leben, die sich leicht zurechtweisen lassen.

«...gibt es Gemeinschaft des Geistes, gibt es Herzlichkeit und Erbarmen, so machet meine Freude völlig, indem ihr eines Sinnes seid, gleiche Liebe habet, einmütig und auf eines bedacht seid...» (Phil. 2,1b+2).

Leicht zu belehren

Daß das Falsche in uns korrigiert wird, ist aber nicht der größte Vorteil des Zerbruchs. Er besteht vielmehr darin, daß er uns dazu befähigt, von allen empfangen zu können. Unser Geist ist dann befreit und offen, geistliche Hilfe zu empfangen, woher immer sie kommen mag. Einem Unzerbrochenen ist schwerlich zu helfen.

Nehmen wir beispielsweise einen Bruder mit einem scharfen, aber unzerbrochenen Verstand. Er kommt wohl zur Versammlung, bleibt aber unberührt. Es sei denn, er begegne jemandem mit noch schärferem Verstand, so wird ihm nicht beizukommen sein. Er zerlegt die Gedanken des Predigers, um sie dann als unnütz und sinnlos zu verwerfen. So können Jahre vergehen, ohne daß sein Wesen getroffen würde. Sein Verstand umgibt ihn wie eine Mauer, und es will scheinen, daß ihm nur über seinen Verstand zu helfen ist. In diesem Zustand ist er unfähig, geistliche Belehrung anzunehmen. Dennoch, wenn der Herr ansetzt und diese Mauer einreißt und ihm die Nichtigkeit seiner eigenen Gedanken zeigt, wird auch er aufmerksam wie ein Kind für alles, was andere sagen mögen. Er wird nicht länger Leute verachten, deren Fähigkeit und Tüchtigkeit unter der seinen zu sein *scheinen*.

Hört er nun einer Botschaft zu, so gebraucht er seinen Geist lieber, um mit dem Geist des Predigers Verbindung zu bekommen, als daß er sein ganzes Augenmerk auf die Aussprache der Worte oder die Darstellung von Lehrsätzen richtet. Wenn der Geist des Predigers ein bestimmtes Wort vom Herrn weitergibt, so wird sein Geist erfrischt und erbaut.

Wenn der Geist eines Menschen frei und offen ist, wird ihm geholfen, wann immer der Geist seiner Brüder zum Vorschein kommt. Bedenkt aber, daß diese Hilfe nicht die gleiche ist wie diejenige, die lehrmäßig vermittelt wird. Je mehr sich Gott mit eines Menschen Geist befaßt hat, desto völliger ist der äußere Mensch zerbrochen worden, desto größere Hilfe kann er dementsprechend empfangen. Es ist zudem wahr: Wenn Gottes Geist in einem Bruder wirksam wird, dann wird dieser andere Brüder nie mehr nur nach ihrer Lehre oder Beredsamkeit beurteilen. Sein Verhalten hat sich völlig geändert. Es ist ein unabänderliches Gesetz: das Maß, nach dem einem geholfen werden kann, ist abhängig von der Geisteshaltung, ist abhängig vom Zerbruch.

Nun müssen wir aber auch klar erkennen, was es heißt, erbaut zu werden. Es hat weder mit einer erweiterten Gedankenwelt noch mit einem besseren Verständnis oder größerer dogmatischen Bereicherung zu tun. Es bedeutet ganz einfach, daß mein Geist einmal mehr mit Gottes Geist in Verbindung gekommen ist. Dabei tut es nichts zur Sache, durch wen Gottes Geist wirkt, ob in der Versammlung oder in persönlicher Gemeinschaft: es ist für mich Nahrung und Wiederbelebung. Mein Geist ist wie ein Spiegel, der immer wieder aufpoliert wird.

Wir wollen es einmal so erklären: Was immer vom Geist ausgeht, erleuchtet alles, was davon berührt wird. Wir Menschen sind wie Glühlampen – verschieden gefärbte Glühlampen. Der Durchfluß des Stromes wird jedoch durch die Farbe in keiner Weise beeinträchtigt. Sobald der Glühlampe Strom zufließt, leuchtet sie auf. Genauso ist es mit unserem Geist: Wenn Gottes Geist fließt, dann vergessen wir die lehrmäßig angeeignete Theologie. Alles, was wir wissen, ist, daß der Geist gekommen ist. Statt bloßem Wissen haben wir nun ein «inneres Licht». Seine Gegenwart ernährt und belebt uns. Vorher machte es uns unsere Intelligenz unmöglich, Hilfe anzunehmen, jetzt aber fällt es uns leicht.

Nun verstehen wir auch, warum es anderen schwer fällt, Hilfe anzunehmen. Wir erkennen, daß wir viel Zeit an das Gebet verwenden müssen, bevor wir sie im Geist zu treffen vermögen. Das ist der einzige Weg, einem eigensinnigen Menschen zu helfen. Wie wir im nächsten Kapitel sehen werden, gibt es zur Erlangung wahrhaftiger Wirksamkeit einen von Gott vorgezeichneten Weg.

Kapitel 10

Zwei sehr verschiedene Wege

Es gibt einerseits einen Weg, «der recht zu sein scheint», auf dem uns Hilfe von außen – durch den Verstand, durch Lehrsätze und ihre Auslegung – zuteil wird. Viele werden auch bekennen, daß ihnen auf diesem Weg sehr geholfen wurde. Dennoch ist diese «Hilfe» grundverschieden von jener wirklichen Hilfe, die Gott vorgesehen hat.

Der andere Weg, der Weg Gottes, besteht darin, Geist mit Geist in Verbindung zu bringen. Statt unsere Denkweise entwickeln zu müssen oder ein gewaltiges Wissen zu erlangen, wird unser geistliches Leben durch diese Verbindung auferbaut. Daß sich doch niemand täuschen lasse! Ehe wir diesen Weg gefunden haben, haben wir auch das wahre, fruchtbringende Christenleben nicht gefunden. Das ist der einzige Weg, unseren Geist zu erbauen oder zu entwickeln.

Laßt uns das etwas näher erläutern. Wenn ihr regelmäßig zur Predigt geht, würde es euch zweifellos stören, dieselbe Predigt vom gleichen Prediger zweimal zu hören. Ihr seid überzeugt, daß es genügt, wenn ihr diese Botschaft einmal gehört habt. Das kommt daher, daß das Christentum in eurer Vorstellung einfach eine Lehre ist, ein verstandesmäßiges Aufspeichern von richtigen Erkenntnissen. Leuchtet es euch nicht ein, daß Erbauung eine Angelegenheit des Geistes ist und nicht der Lehre? Wenn euer Bruder durch den Geist spricht, werdet ihr jedesmal gewaschen und gereinigt, sobald sein Geist sich kundtut und mit euch in Verbindung tritt, unbekümmert darum, wie vertraut euch der Gesprächsstoff bereits sein mag, oder wie oft ihr schon über dieses Thema habt sprechen hören. Lehren und Grundsätze, die den Geist nicht neu beleben, können nur als tote Buchstaben gewertet werden.

Es ist etwas Besonderes um einen zerbrochenen Menschen. Ihr seid nicht nur imstande zu helfen, auch euch selbst wird dadurch gleichzeitig geholfen. Wenn man euch eine Frage stellt, wird mit eurer Antwort wiederum auch euch selbst Hilfe zuteil. Während ihr mit einem den Herrn suchenden Sünder betet, werdet auch ihr innerlich gestärkt. So ihr geführt seid, ernstlich mit einem abgeirrten Bruder zu sprechen, so wird nicht nur sein Geist wieder erneuert, ihr werdet auch selbst innerlich gefördert. Dadurch wird euch aus jedem geistlichen Kontakt selbst Hilfe zuteil. Ihr staunt, wie der ganze Leib euch als Glied versorgt.

Irgendein Glied kann eurer Not so begegnen, daß euch geholfen ist. Ihr werdet Empfänger all dessen, was der ganze Leib zu geben hat. Wie kostbar muß das sein! Da könnt ihr freudig sagen: «Die Fülle des Hauptes ist die Fülle des Leibes, und des Leibes Fülle ist die meinige!» Wieviel mehr ist das als bloße Erweiterung vernunftmäßigen Wissens!

Da die Fähigkeit, Hilfe empfangen zu können, ein Beweis für Zerbruch ist, wollen wir uns fragen, ob wir imstande sind, von anderen anzunehmen, was uns not tut. Mit menschlicher Klugheit muß der Herr in Seiner Gnade gründlich verfahren, muß sie oftmals und auf mancherlei Weise angreifen und zerbrechen. Ansonsten wird uns unsere harte Schale daran hindern, dem Geist unseres Bruders zu begegnen, wenn er etwas weiterzugeben hat. Sind wir aber zerbrochen, dann ist uns geholfen, sobald sein Geist sich regt.

Es geht also nicht darum, wie mächtig der Geist ist, sondern darum, ob Geist mit Geist in Verbindung gekommen ist. Dieser Kontakt ist es, der neu belebt und auferbaut. Wie wichtig ist es daher, daß der äußere Mensch zerbrochen wird. Es steht außer Frage, daß dies die Grundbedingung dafür ist, um Hilfe empfangen und anderen helfen zu können.

Gemeinschaft im Geist

Während viele verschiedene Arten der Gemeinschaft gepflegt werden, gibt es eine geistliche Gemeinschaft, die weit mehr ist als ein Austausch von Gedanken und Meinungen. Sie besteht in der Wechselwirkung von Geist zu Geist, ist aber nur möglich, wenn unser äußerer Mensch zerbrochen ist.

In diesem Austauschen des Geistes erleben wir die Gemeinschaft der Heiligen und verstehen, was die Schrift mit «Gemeinschaft im Geist» meint. Es ist wirklich eine Gemeinschaft im Geist und kein Meinungsaustausch. Durch die Geistesgemeinschaft vermögen wir einmütig miteinander zu beten. Weil viele vom Geist unabhängig nach ihrem Verstand beten, finden sie schwerlich einen zweiten, der gleichen Sinnes wäre, um einmütig mit ihnen beten zu können.

Jeder, der wiedergeboren ist und den Heiligen Geist in sich wohnen hat, kann Gemeinschaft mit uns haben. Das ist möglich, weil unser Geist für die Gemeinschaft offen ist, bereit zu empfangen und bereit auch, vom Geist unseres Bruders empfangen zu werden. Auf diese Weise haben wir Verbindung mit dem Leib Christi, denn wir sind der Leib. Können wir es fassen, wenn wir sagen, daß unser aller Geist den Leib Christi ausmacht? Wahrlich: «Tiefe ruft der Tiefe!» (Ps. 42,7). Die Tiefe eures Wesens ruft nach einer Begegnung mit meiner Tiefe; und ich rufe nach einer Begegnung mit der Tiefe der ganzen Gemeinde. Hier ist die Gemeinschaft der Tiefen, des gegenseitigen Rufens und Antwortens. Das ist das Allernotwendigste, um dem Herrn brauchbar zu werden und richtig mit dem Geist der Gemeinde in Berührung zu kommen.

Eine Demut, die nicht nachgeahmt werden kann

Wenn wir zu verstehen geben, daß wir demütig sein müssen, so versuchen wir euch nicht einzureden, in Demut zu wirken. Wer das selbst tun will, wird bald inne werden, daß auch diese selbstfabrizierte Demut zunichte gemacht wird. Wir müssen es ein für allemal lernen, daß jedes menschliche Bestreben, die Demut nachahmen zu wollen, zwecklos ist. Alles muß vom Heiligen Geist gewirkt werden; denn Er allein weiß, was uns not tut, und gestaltet unsere Verhältnisse so, daß sie zum Zerbruch unseres äußeren Menschen führen.

Es ist jedoch an uns, Gott um Licht zu bitten, damit wir die mächtige Hand des Heiligen Geistes erkennen, uns ihr willig fügen und dankbar anerkennen, daß alles, was Er tut, richtig ist. Wenn ihr euch dem Herrn übergebt, werdet ihr entdecken, daß er schon lange an euch wirkt, um euch zu zerbrechen. So könnt ihr nun auch beten: «Herr, ich war blind, ich erkannte nicht, daß Du mich führtest. Nun verstehe ich, daß Du mich zerbrechen möchtest, und so will ich mich Dir ausliefern.»

Darauf beginnt alles, was während der letzten fünf oder zehn Jahre fruchtlos blieb, Früchte zu tragen. Wir erkennen auf einmal, wie geschickt der Herr eingreift, um vieles zu zerstören, von dem wir gar nicht wußten, daß es existierte. Es ist Sein Meisterstück, uns Stolz, Eigenliebe und Selbsterhöhung zu rauben, damit unser Geist befreit und zum brauchbaren Werkzeug zubereitet wird, damit wir befreit werden, zur fruchtbaren Nachfolge!

Zwei sich aufdrängende Fragen

Nun erheben sich zwei Fragen; einmal: Da es also das jeder menschlichen Nachahmung spottende Werk des Heiligen Geistes ist, den äußeren Menschen zu zerbrechen, sollen wir daher jede fleischliche Regung, die wir erkennen, zu unterbinden versuchen, oder müssen wir untätig zuwarten, bis der Heilige Geist, der dies Werk tun muß, uns mehr Licht schenkt?

Es ist sicher richtig, jedem fleischlichen Handeln einen Riegel zu schieben; wir müssen aber erkennen, daß dies nicht im entferntesten einer Nachahmung des Wirkens des Heiligen Geistes gleichkommt.

Ein Beispiel: Obschon ich stolz bin, muß ich jeden Hochmut ablehnen; aber demütig zu sein, kann ich trotzdem nicht vorgeben.

Oder: ich werde über Leute wütend, kann mich jedoch beherrschen, aber ruhig bin ich deswegen noch nicht. Solange das Negative sich durchsetzen will, sollte ich ihm unaufhörlich widerstehen. Dennoch sollte ich nicht darauf Anspruch erheben, das Positive schon zu besitzen. Stolz ist negativ, daher muß ich mich mit ihm befassen. Demut ist positiv, folglich kann ich sie nicht nachahmen.

Obschon ich allen fleischlichen Regungen, die ich erkenne, einen Riegel schieben muß, so brauche ich doch die positive Tugend nicht nachzuahmen. Alles, was ich zu tun habe, ist, mich dem Herrn völlig zu übergeben und zu sagen: «Herr, es gibt keinen Grund, all meine Kraft dafür aufzuwenden, etwas nachahmen zu wollen. Ich vertraue Dir, daß Du das Werk tun wirst.»

Äußere Nachahmung ist menschlich und nicht von Gott. Alle, die den Herrn suchen, müssen von innen her lernen und sich nicht nur äußerlich anpassen. Wir müssen Gott Sein Werk in uns vollenden lassen, vorher können wir nicht erwarten, daß sich dies nach außen kundtut.

Was immer äußerlich fabriziert wird, ist unecht und dem Untergang geweiht. Einer, der unbewußt eine Kopie besitzt, betrügt sowohl andere als auch sich selbst. Wenn sich nachahmendes Benehmen mehrt, kommt der Mensch immer mehr dazu, zu glauben, daß dies sein wahres Ich sei. Einen solchen zu überzeugen, daß sein Wesen unecht ist, fällt oft schwer, denn er vermag das Echte nicht vom Unechten zu unterscheiden. Versuchen wir also nicht, äußerlich nachzuahmen. Es ist weit besser, sich natürlich zu geben; das öffnet Gott den Weg, in uns zu wirken. So laßt uns denn ungekünstelt sein und nichts nachahmen, im Vertrauen, daß der Herr selbst uns seine Tugenden hinzutun wird.

Und nun die zweite Frage: Einige sind von Natur aus mit Tugenden, z.B. Sanftmut, ausgestattet; besteht da ein Unterschied zwischen ihrer natürlichen Sanftmut und jener, die durch Züchtigung gewirkt wird?

Um dies zu beantworten, müssen wir zwei Punkte beachten. Erstens ist alles, was natürlich-menschlich ist, vom Geist unabhängig, während alles, was durch die Erziehung des Heiligen Geistes gewirkt wurde, unter der Führung des Geistes steht und sich nur rührt, wenn der Geist sich rührt. Natürliche Sanftmut kann für den Geist ein wirkliches Hindernis sein. Wer gewohnheitsmäßig sanft ist, ist es in sich selbst und nicht «im Herrn». Angenommen, der Herr will, daß er aufsteht und ein sehr gestrenges Wort reden soll, so wird ihn seine natürliche Milde daran hindern, dem Herrn gehorsam zu sein. Statt dessen wird er sagen: «Ach, das kann ich nicht. Ich habe nie im Leben solch harte Worte gebraucht. Das mag ein anderer tun. Ich kann es einfach nicht.» Da seht ihr, daß seine natürliche Sanftmut nicht unter der Kontrolle des Geistes steht. Alles Natürliche hat seinen eigenen Willen und ist vom Geist unabhängig. Durch Zerbruch gewirkte Sanftmut hingegen läßt sich vom Geist gebrauchen, denn sie will nicht ihre eigene Meinung anbieten, sondern dort wirksam werden, wo es Gottes Wille entspricht.

Zweitens ist ein von Natur aus milder Mensch nur so lange mild, wie man seinem Willen folgt. Wenn man ihn aber zu etwas nötigt, das er nicht gerne tut, so verändert sich plötzlich sein Benehmen zusehends.

Den sogenannt menschlichen Tugenden fehlt das Element der Selbstverleugnung. Diese natürlichen Tugenden haben unverkennbar nur das eine Ziel: unser Eigenleben zu fördern und durchzusetzen. Wo immer dieses Ich verletzt wird, verschwindet jede natürliche Tugend. Andererseits besitzen wir die durch Züchtigung gewirkten Tugenden erst, wenn unser häßliches Eigenleben zerbrochen wurde. Wenn Gott unser Ich zerstört, treten echte Tugenden zutage. Je mehr das eigene Ich verwundet und zerbrochen ist, desto strahlender leuchtet wahre Sanftmut. Natürliche Sanftheit und geistliche Frucht der Sanftmut sind somit grundsätzlich verschieden.

Eine abschließende Ermahnung

Laßt uns nun, nachdem wir die Wichtigkeit des Zerbruchs des äußeren Menschen betont haben, achtgeben, daß wir dies nicht künstlich herbeiführen wollen. Wir müssen uns unter die allgewaltige Hand Gottes beugen und alle nötigen Wege aus Seiner Hand annehmen.

Während der äußere Mensch zerbrochen wird, erfährt der innere Stärkung. Einige mögen den inneren Menschen immer noch schwach finden. Bittet nicht um Kraft, damit dieser Mangel behoben werde, denn die Bibel gebietet uns: «Seid stark!» Proklamiert, daß es euer Ziel ist, stark zu sein. Das Wunderbare ist, daß ihr stark sein könnt, wenn immer ihr es nötig habt, nachdem der äußere Mensch zerbrochen ist. Das Problem der Kraft ist mit dem Problem des äußeren Menschen ebenfalls gelöst. Im Verlangen, stark zu sein, seid ihr stark. Niemand kann euch den Weg versperren. Der Herr sagt: «Seid stark.» So sagt auch ihr im Herrn: «Seid stark!», und ihr findet, daß ihr es seid.

Der innere Mensch ist erst frei, nachdem der äußere Mensch zerbrochen ist. Das ist der grundlegende Weg zum brauchbaren Dienst für Gott!

Weitere Bücher von Watchman Nee:

In Hingabe leben
TELOS-Paperback Nr. 1100
Verschiedene Schritte sind notwendig, nachdem man zum Glauben an Christus gekommen ist.
Wichtige Themen: Vergangenheit bereinigen, Loslassen, Brotbrechen, Bibelstudium, Gebetsleben.

Sitze, wandle, stehe
TELOS-Taschenbuch Nr. 14
Eine praktische, seelsorgerliche Auslegung des Epheserbriefes.

Der Gebetsdienst
TELOS-Taschenbuch Nr. 116
Gebet ist Arbeit, Gebet ist Dienst. Was die Gemeinde über das vollmächtige Beten wissen muß.

Geistliche Erkenntnis
TELOS-Paperback Nr. 1096
Wie biblisches Wissen zur geistlichen Erkenntnis wird, die für ein fruchtbares Christenleben unentbehrlich ist.

Der geistliche Christ
gebundene Gesamtausgabe, TELOS
Die Krönung des literarischen Schaffens von Watchman Nee.
Wichtige Zusammenhänge des menschlichen Denkens, Fühlens und Wollens werden unter anderem erklärt, um Hilfestellung für ein geistlich gelebtes Christenleben zu geben.
Die Gefahren und Fruchtlosigkeit eines «fleischlichen» Christenlebens werden genauso bewußt gemacht wie die Schönheit und Fülle eines geistlichen Christenlebens.

Diese Zeitschrift sollten Sie lesen!

«ethos»
– die neue illustrierte christliche Familien-Zeitschrift, die's «in sich hat»!

Packende Berichte und erstklassige Farbaufnahmen würzen die Fülle der neuen christlichen Familien-Illustrierten «ethos».

Erziehungshilfen, Gesundheitstips, Eheberatung, Kurzgeschichten und eine Vielzahl von aufschlußreichen Reportagen über die Wunder der Schöpfung, über fremde Kulturen und aktuelles Zeitgeschehen, werden genauso kurzweilig präsentiert wie besinnliche Notizen und hilfreiche Lebens- und Glaubenshilfen.

Von dieser wegweisenden Illustrierten für die ganze Familie können Sie ein **kostenloses Probe-Exemplar** anfordern bei:

«ethos», Postfach 263, CH-9435 Heerbrugg
«ethos», Kolpingstr. 33, D-7899 Wangen
«ethos», Postfach 108, A-6890 Lustenau

oder bestellen Sie ein Abonnement dieser wertvollen Zeitschrift! (Fr. 43.40/DM 49.60/öS 380.--, inkl. Versandsp.)

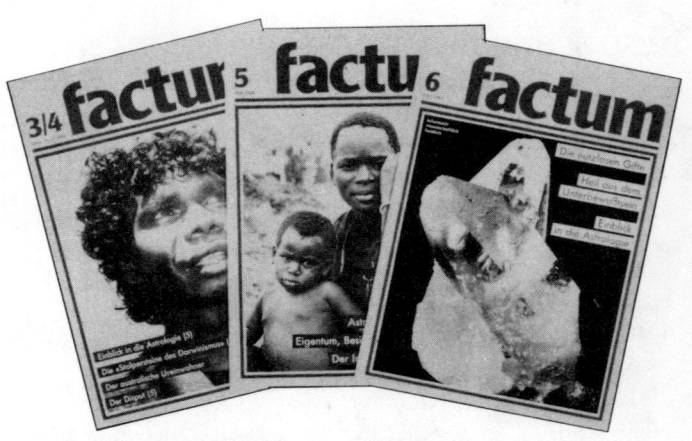

Wußten Sie schon ...

... daß es nicht stimmt, daß die Entwicklungsländer nur deshalb arm sind, weil es reiche Industrieländer gibt?

... daß die ideologische Unterwanderung unserer Schulen bereits bedrohliche Formen angenommen hat?

... daß das biogenetische Grundgesetz von Haeckel ein Irrtum war, dem heute noch viele Glauben schenken?

... daß die Befreiung von der Geißel der Sklaverei auf christlich-motivierte Männer zurückzuführen ist?

... daß immer mehr Wissenschaftler die Evolutionslehre aus faktischen Gründen ablehnen?

«factum» –
das Magazin für denkende Menschen

– informativ – wissenschaftlich – fundiert
erscheint 9mal jährlich mit 36–52 Seiten,
dokumentarischen Fotos und Abbildungen

Fordern Sie ein kostenloses Probeexemplar an bei:
«factum», Rosenberg, CH-9442 Berneck
«factum», Kolpingstr. 33, D-7988 Wangen
«factum«, Postfach 108, A-6890 Lustenau

oder bestellen Sie ein Abonnement
dieser wertvollen Zeitschrift
(Fr. 31.80/DM 34,80/öS 248.—, inkl. Versandkosten)!